홀로 하는 공부라서 외롭지 않게 사람in이 동행합니다. 외국어, 내가 지금 제대로 하고 있는지, 정말 이대로만 하면 되는지 늘 의심이 듭니다. 의심이 든다는 건 외로운 거지요. 그런 외로운 독자들에게 힘이 되는 책을 내고 있습니다. 외국어가 나의 언어가 되는 그때까지, 이해의 언어와 훈련의 언어로 각 단계별 임계점에 이르는 방법을 제시하여, 언어 학습의 시작점과 끝점을 확실히 제시하는 정직하고 분명한 책을 만듭니다.

수 태 시제 개념을 잡습니다

수 태 시제 개념을 잡습니다

지은이 오석태
초판 1쇄 인쇄 2020년 9월 4일
초판 1쇄 발행 2020년 9월 18일

발행인 박효상 | 편집장 김현 | 기획·편집 김준하, 김설아
디자인 이연진 | 본문·표지 디자인·조판 신덕호
마케팅 이태호, 이전희 | 관리 김태옥

종이 월드페이퍼 | 인쇄·제본 현문자현

출판등록 제10-1835호 | 발행처 사람in
주소 04034 서울시 마포구 양화로 11길 14-10(서교동, 강화빌딩) 3층
전화 02) 338-3555 (代) | 팩스 02) 338-3545
E-mail saramin@netsgo.com
Homepage www.saramin.com

책값은 뒤표지에 있습니다.
파본은 바꾸어 드립니다.



ISBN
978-89-6049-862-4 14740
978-89-6049-686-6 세트

우아한 지적만보, 기민한 실사구시

영어의 OKer 시리즈

오석태 저

사람in

# 수태시제 개념을 잡습니다

서문 6

Unit 1. 기초 동사 8
Unit 2. 중급 동사 64
Unit 3. 현재: am, are, is 118
Unit 4. 과거: was, were, got 172
Unit 5. 완료 268
Unit 6. 조동사와 미래 개념 300

## 서문

문법. 참 찬란한 역사를 갖고 있습니다. 뜻밖에도 호불호가 분명한 대우를 받아왔습니다. 압도적인 중요도에 비해서 대중들의 형편없는 대우를 받아왔습니다. 이유 없이 무용론의 희생자로 전락했으며, 이유 없이 영어 실력 향상을 저지하는 가해자로 취급을 받아왔습니다.

문법. 어휘와 함께 언어를 구성하는 두 요소 중 하나로 언어에서는 빠뜨릴 수 없는 결정적 요소입니다. 암기의 대상이 아닙니다. 이해의 대상입니다. 형식과 내용이라는 두 개의 큰 봉우리를 갖고 있습니다. 형식에만 집중하면 절대 영어를 이해할 수 없습니다. 영어를 이해하려면 내용에 집중해야 합니다. 형식이 언어의 외모라면 내용은 언어의 뇌입니다.

문법. 문장을 내가 만들기 위해서 필요한 게 아닙니다. 문장을 이해하기 위해서 필요합니다. 문법의 내용을 알아야 문장을 이해할 수 있습니다. 문법의 형식을 외웠기 때문에 문장을 만들 수 있다고 착각해서는 안 됩니다. 문장은 우리가 만들 수 있는 게 아닙니다. 문장은 원어민이 사용하는 그대로 이해하고 사용해야 합니다. 그 이해의 중심에 문법이 있습니다. 그 이해의 중심에 문법의 내용이 있습니다. 이젠, 문법을 받아들이는 사고 자체를 바꿔야 합니다.

문법. 가장 친근한 단어일 듯한데 절대 그렇지 않습니다. 가장 부담스러운 단어입니다. 문법을 해도해도 영어가 안 된다는 생각에 문법을 기피합니다. 문법을 정말 지겨워합니다. 문법을 철저히 천대하며 살아갑니다. 그런데 영어를 다시 시작하려면 또 문법 공부를 해야 한다고 생각합니다. 그러면서 다시 문법 학습의 악순환, 형식만을 고집하는 악순환이 재가동됩니다. 문법을 받아들이는 사고 자체를 바꾸지 않으면 이 악순환을 막을 수 없습니다.

문법. 매우 중요합니다. 영어 이해에 절대적인 요소입니다. 문법이 없으면 언어는 존재할 수 없습니다. 이런 문법의 중요성에 근거해서 《수 태 시제 개념을 잡습니다》가 탄생했습니다.

수, 태, 시제. 문법에서 우리가 가장 혼란스러워하는 항목들입니다. 문법에서 우리를 가장 좌절시키는 항목들입니다. 작문할 때 우리가 늘 틀리는 항목들입니다. 영어 이해에 절대적인 영향을 미치는 정말 중요한 항목들입니다.

수, 태, 시제. 수에는 명사의 수와 동사의 수가 존재합니다. 수는 문법의 내용보다는 문법의 형식 이해 쪽에 중요도가 밀집되어 있습니다.

태는 문법의 형식보다는 내용의 이해에 집중되어 있습니다. 왜 수동태를 사용하는지, 어떤 상황에서 능동태를 쓰는지 분명히 이해해야 합니다. 태는 문장의 의미를 결정하는 중요 요소이기 때문에 한치도 소홀해서는 안 됩니다.

시제는 문법의 형식보다는 내용의 이해에 초 집중되어 있습니다. 현재 시제가 주는 의미, 현재완료가 쓰이는 상황의 이해, 조동사들의 시제 변화에 따른 의미의 결정적 변화 등이 시제의 이해에 포함됩니다.

수, 태, 시제. 이 세 가지 요소 중 문장의 이해에 가장 결정적인 요소는 시제입니다. 시제의 이해에 소홀하면 올바른 의사소통은 절대 이루어지지 않습니다. 시제의 이해에 방심하면 대화하는 사람들 간에 오해만 끝없이 쌓이게 됩니다.

수, 태, 시제를 설명합니다. 이 책은 정독을 필요로 합니다. 이 책은 무작정 접해온 영어, 그래서 대강 이해해왔던 영어, 그래서 완전 불가능이라고 여겼던 영어회화, 영작 등에 예상하지 못했던 희망의 빛을 드릴 겁니다. 이 책은 여러분의 영어가 새로워질 수 있음을, 여러분이 영어의 신세계를 접할 수 있음을 보장해 드립니다.

하루하루 삶의 의미가 누적되기보다는 무심히 흩어져버리는 시절에 살고 있는 우리들의 지금 이 시간 속에 이 책을 통한 영어가 작은 희망의 씨앗을 뿌릴 수 있기를 겸손히 바라봅니다. 감사합니다.

저자 오석태

1 I have meetings in the morning.
2 He invited me at the party.
3 What do you call this?
4 He takes care of her.
5 He turned up the volume.
6 He put Harvard on hold.
7 He hired a private detective to follow her.
8 He built the richest law firm in Memphis.
9 He canceled the rest of his appointments.
10 Stress causes heart attacks.
11 It doesn't surprise me at all.
12 We must stop the war.
13 I sold one of my paintings to her.
14 You need to wash it away.
15 X-rays have shown no evidence.
16 She handed him a half-empty bottle.
17 History books kept her occupied for hours.
18 Her coat kept her well-toned body hidden.

001

# I have meetings in the morning.

**난 보통 오전에 회의가 몇 개 잡혀 있어.**

동사 have는 '~을 가지고 있다'(상태), '~을 열다'(동작) 등의 뜻을 포함합니다. 목적어(명사)를 받아야 하는 타동사이지요. 따라서 I have meetings.는 "몇 개의 회의가 있다"(상태), "몇 개의 회의를 한다"(동작) 등으로 이해합니다. 주의할 사항은, have가 동작의 의미를 포함하는 타동사이긴 하지만 근본적으로는 '상태'의 의미 중심이기 때문에 be had의 수동형으로 쓰이지는 않습니다. 이 문장의 시제는 현재입니다. 상태 동사(have)의 현재는 '지금의 상태'를 말하기도 하지만 현재 시제 자체는 일반적으로 늘 있는 현상을 말하기 때문에 '보통', '늘', '항상' 등을 넣어서 해석할 수도 있습니다.

**수 일치**

1인칭에 쓰이는 동사는 현재 시제일 경우 항상 원형으로 수를 일치시킵니다. have의 주어가 3인칭 단수일 때는 has로 수의 일치를 이룹니다. I has는 수의 일치에서 벗어난 형태이므로 실제로 존재하지 않습니다.

## I **have meetings** in the morning.

난 보통 오전에 회의가 몇 개씩 잡혀 있어.

## I **have a meeting** in the morning.

나 오전에 회의가 하나 있어.

have의 수 일치는 주어에 영향을 받습니다. 목적어와는 관계없습니다. 목적어로 meetings가 오든 a meeting이 오든 have의 형태에는 전혀 영향을 주지 않습니다.

**태의 변환**

I have meetings.는 능동태 문장입니다. '회의가 있다', '회의를 열다' 등을 뜻하지요. 하지만 목적어인 meetings가 주어의 자리에 위치하면 '회의가 열린다'로 표현됩니다. 수동태가 되는 것이지요. 그러나, 동사 have는 수동태, 즉 be had의 형태로 쓰이지는 않습니다. 대신에 원래 '~을 개최하다'라는 동작의 의미를 갖는 hold를 이용합니다. be held의 형태를 이용하여 '개최되다', '열리다' 등의 수동의 의미를 전하게 됩니다.

## Meetings **are held** in the morning.

회의는 보통 오전에 열린다.

## A meeting **is held** in the morning.

보통 오전에 회의를 한다.

주어의 수가 단수(a meeting)일 때 be동사의 현재형은 is입니다. 복수(meetings)일 때는 are이지요. 3인칭 단수, 복수에 따른 동사의 수 일치는 절대적으로 중요합니다. be held의 형태에서, 특히 be동사가 현재 시제일 때는 '지금의 상황'이 아니라 '일반적인 상황', '보통의 상황'을 말하게 됩니다.

**시제 변화**

수와 태가 결정된 후에는 문장 안에서 시제 일치가 이루어져야 합니다. 현재진행에 어울리는 부사, 과거에 맞는 부사, 미래에 적절한 어휘, 현재완료에 맞는 구 등의 조합을 말합니다. have의 과거, 과거분사형은 had입니다. 미래를 의미하는 조동사 will 뒤에는 동사원형이 오지요. have가 상태가 아닌 동작의 의미로 쓰일 때는 현재분사형인 having을 쓸 수 있습니다.

## I **had** meetings **yesterday**.

어제 몇 건의 회의를 했어.

**I will have** meetings **tomorrow.**

내일 여러 건의 회의를 할 거야.

**I have had** meetings **for six hours.**

여섯 시간 동안이나 회의를 했어.

**I'm having** a meeting **now.**

나 지금 회의 중이야.

have had는 현재완료형입니다. 과거에 일어난 일(had meetings)이 지금의 상태(have)에 영향을 주고 있는 겁니다. 과거를 근거로 한 현재의 상태를 뜻합니다. 그래서 위의 "I have had meetings for six hours." 뒤에 이런 문장들이 이어질 수 있습니다. 1) I'm so tired. 2) I'm hungry. 3) I need to rest.

---

**전치사구로 표현**

I have meetings **with my clients.**

나 고객들과 회의가 있어.

I have meetings **for the project.**

나 그 프로젝트 건으로 회의가 잡혀 있어.

---

**접속사절로 표현**

I have meetings **when everybody is there.**

난 모든 사람들이 참석했을 때 회의를 해.

I have meetings **when everything is well-prepared.**

난 모든 게 다 잘 준비되었을 때 회의를 해.

002

# He invited me at the party.

**그는 나를 그 파티에 초대했다.**

타동사 invite는 '~을 초대하다'라는 의미입니다. invite A to B 또는 invite A at B의 형태를 이용하여 'A를 B에 초대하다'라는 의미를 전합니다. 전치사 to는 '방향', at은 '위치'를 나타내는 전치사입니다. 따라서 invite me to the party는 '파티에 오도록 초대하다'가 되고, invite me at the party는 '파티에 참석해서 같이 즐기자고 초대하다'가 됩니다. 어느 쪽을 쓸 것인지는 사용자의 결정입니다.

**수 일치**

명사 party는 셀 수 있는 명사입니다. 따라서 a party, parties 등의 형태로 쓸 수 있습니다. 정관사 the를 써서 the party라고 하면 대화 중인 두 사람이 서로 아는 '그 파티'를 의미합니다.

He invited me at **the party**.

그는 나를 그 파티에 초대했다.

I'll throw **a party** this coming Sunday.

내가 이번 일요일에 파티를 열거야.

I don't like going to **parties**.

나는 파티에 참석하는 거 좋아하지 않아.

throw a party는 '파티를 열다'라는 뜻입니다. 이것을 give a party라고도 표현하지요. this coming Sunday는 '다가오는 일요일'이고, go to parties는 '파티에 참석하다'로 이해합니다.

**태의 변환**

He invited me at the party.는 능동태 문장입니다. 나를 초대한 사람을 강조해서 하는 말이지요. 나의 상태를 말할 때는 수동태 문장을 이용합니다.

I **was invited** at the party.

나는 그 파티에 초대되었다.

You **are invited** to the reception.

너 그 리셉션에 초대되었어.

He **shouldn't be invited** to the wedding.

그는 그 결혼식에 초대되면 안 돼.

조동사 should는 강력한 권유를 할 때 흔히 사용됩니다. wedding은 '결혼식'을 뜻합니다.

**시제 변화**

타동사 invite의 3단 변화는 invite-invited-invited입니다. 현재분사형은 inviting이지요.

He **has invited** me at the party.

그가 나를 그 파티에 초대했어. (그래서 나 지금 기분 좋잖아.)

He **will invite** me at the party.

그는 분명히 나를 그 파티에 초대할 거야.

He **would invite** me at the party.

(지금까지의 경우에 비추어 봤을 때) 그는 나를 그 파티에 초대하겠지.

He **should have invited** me at the party.

그가 나를 그 파티에 초대했어야 했어. (그런데 왜 초대하지 않았을까.)

위 예문에서 조동사 would는 will의 과거로 쓰인 게 아닙니다. '미래'의 의미이지요. 하지만 단순한 미래만을 말하는 will과는 달리 '과거의 일을 근거로 한 미래의 일'을 말할 때 would를 사용합니다.

---

### 전치사구로 확장

He invited me at the party **by sending me an invitation card.**

그는 내게 초청장을 보내서 그 파티에 나를 초대했다.

He invited me at the party **through our mutual friend.**

그는 우리가 서로 아는 친구를 통해서 나를 그 파티에 초대했다.

---

### 접속사절로 확장

He invited me at the party **while we were talking on the phone.**

그는 전화 통화 중에 나를 그 파티에 초대했다.

He invited me at the party **as soon as he met me.**

그는 나를 만나자마자 그 파티에 나를 초대했다.

003

# What do you call this?

**이걸 뭐라고 부르죠?**

타동사 call은 '~을 …라고 부르다'라는 의미를 전하는 5형식 동사로 쓰이고 있습니다. this는 목적어이며 What은 목적 보어를 대신해서 쓰인 대명사이지요. 문장에서 '~을'이 붙는 어휘를 목적어라고 칭합니다. 이 문장에서는 you가 '당신'보다는 '사람들'이라는 의미를 지니고 있습니다.

**수 일치**

2인칭 you 다음에 나오는 동사의 현재형은 원형입니다. 따라서 평서문이 의문문으로 바뀔 때 대동사 do의 도움을 받게 되지요. 하지만 주어가 3인칭 단수인 문장의 의문문에서는 do 대신에 does를 씁니다.

What **do** you call this?

이걸 뭐라고 부르나요?

What **do** they call this?

그들은 이것을 뭐라고 부르죠?

What **does** he call this?

그는 이것을 뭐라고 부르나요?

대명사 What은 목적 보어로 쓰이고 있지만 의문대명사에 해당되기 때문에 의문문의 맨 앞에 위치하는 것입니다.

**태의 변환**

What do you call this?는 능동태 문장입니다. 동사 call의 목적어는 this이며 이 문장이 수동태로 바뀔 때는 목적어가 주어로 오게 됩니다.

## What **is** this **called**?

이건 뭐라고 불리나요?

## What **is** she **called**?

그녀는 뭐라고 불려? (그녀의 이름이 뭐야?)

## What **are** the gadgets **called**?

그 기기들은 뭐라고 불리는 거야?

능동태는 주어의 동작에, 수동태는 주어의 상태에 중심을 두어 해석합니다. 말을 할 때나 글을 쓸 때 내가 강조하고 싶은 부분에 맞추어 태를 바꿔 사용하게 됩니다.

---

**시제 변화**

call의 과거형은 called입니다. 하지만 과거 시제 의문문으로 바뀌면 모든 일반 동사의 대동사는 did로 통일됩니다. 그리고 뒤에는 일반 동사의 원형을 쓰게 됩니다. 조동사가 쓰인 미래 시제의 의문문은 조동사와 주어의 위치가 바뀌고 일반 동사와 be동사는 원형을 쓰게 됩니다.

## What **did** you **call** this?

너 이거 뭐라고 불렀지? (과거에는 이걸 뭐라고 부르셨던 겁니까?)

## What **was** this **called**?

과거에 이게 뭐라고 불렸던 겁니까?

## What **will** you **call** this?

앞으로 이걸 뭐라고 부를 겁니까?

## What **will** this **be called**?

앞으로는 이게 뭐라고 불리게 될까요?

물리적인 시제 변화의 형태에만 신경 쓸 것이 아니라 완성된 문장을 글이나 대화에서 정확히 구사할 수 있도록 정확한 발음으로 연습하는 것이 중요합니다.

---

**전치사구로 확장**

## What do you call this **in English**?

이걸 영어로는 뭐라고 불러?

## What do you call this **in Jejudo**?

제주도에서는 이걸 뭐라고 불러?

---

**접속사절로 확장**

## What do you call this **if you're before the elderly**?

어르신들 앞에서는 이걸 뭐라고 불러?

## What do you call this **when they don't understand English**?

그들이 영어를 이해하지 못할 때는 이걸 뭐라고 부르지?

004

# He takes care of her.

**그는 평소에 그녀를 돌보고 있어.**

take는 '~을 가져가다'라는 의미를 전하는 타동사입니다. 목적어로 care가 왔지요. 3형식 문장입니다. 동사구인 take care of ~는 '~을 돌보다', '~을 신경 쓰다' 등의 뜻으로 사용됩니다. 현재 시제는 주어의 행위가 '언제나', '보통', '늘' 있음을 의미합니다. 그래서 직업, 습관, 버릇 등을 말할 때 현재 시제를 사용하게 됩니다.

**수 일치**

현재 시제로서 3인칭 주어 He와 연결되는 take의 수 일치 형태는 takes입니다. He take라는 형태는 존재하지 않습니다. 의문대명사 who 역시 3인칭 단수에 해당되기 때문에 take가 아닌 takes를 이용하여 수의 일치를 이룹니다.

## He **takes care** of her.

그는 그녀를 평소에 돌보고 있어.

## Who **takes care of** her?

누가 평소에 그녀를 돌보는 거야?

명사 care는 셀 수 없는 불가산명사입니다. 따라서 take a care라고 하지 않습니다. 이것 역시 수의 일치에 해당됩니다.

**태의 변환**

He takes care of her.에서 타동사는 takes이며 목적어는 care입니다. 하지만 take care of를 하나의 의미를 완성하는 타동사구로 보면 her는 동사구의 목적어가 됩니다. 그리고 그녀의 입장에서 본다면 그녀는 '보살핌을 받다'가 되므로 수동태가 가능해집니다. be taken care of입니다. take의 과거분사형은 taken입니다.

## She **is taken care of.**

그녀는 평소에 보살핌을 받고 있어.

## She **is taken care of** by him.

그녀는 평소에 그에게 도움을 받고 있어.

동사구는 떨어지지 않고 붙어 다닙니다. 보통 수동태에서는 주어의 상태를 유도하는 주체를 전치사 by 뒤에 넣고 흔히 생략합니다. 하지만 그 주체의 명시가 중요한 상황이라면 by 이하는 생략하지 않는 것이 옳습니다.

---

**시제 변화**

take의 과거는 took, 과거분사형은 taken입니다. 현재분사형은 taking입니다.

## He **took care of** her **last week.**

그는 지난주에 그녀를 돌봐 줬어.

## He **will take care of** her **next week.**

그가 다음 주에 그녀를 돌봐 줄 거야.

## He **is taking care of** her **now.**

그는 지금 그녀를 돌봐 주고 있어.

He **has taken care of** her **for a week.**

그는 일주일 동안 그녀를 돌봐 주었어.

대화 중에 이야기의 시점이 정확히 인지된 상태라면 굳이 시간을 지칭하는 부사들을 반복적으로 사용하지 않는 것이 일반적입니다. 부사와 부사구의 사용은 선택적으로 이루어져야 된다는 뜻입니다.

---

**전치사구로 확장**

He takes care of her **for nothing**.

그는 아무런 대가 없이 그녀를 돌봐 준다.

He takes care of her **by himself**.

그는 혼자서 그녀를 돌본다.

---

**접속사절로 확장**

He takes care of her **because he promised**.

그는 자기가 약속을 했기 때문에 그녀를 돌보는 거야.

He took care of her **after she fell ill.**

그는 그녀가 병든 후에 그녀를 돌보게 된 거였지.

005

# He turned up the volume.

**그는 볼륨을 높였다.**

타동사 turn은 '~을 돌리다'라는 의미이며, 부사 up은 '위로'라는 뜻입니다. 따라서 turn up은 '~을 위로 돌리다'가 되지요. 여기에 목적어 the volume이 붙어서 '볼륨을 위로 돌리다', 즉 '볼륨을 높이다'라는 의미가 되는 것입니다. 만일 '볼륨을 낮추다'라고 말하고 싶다면 up의 반대인 down을 써서 turn down the volume이라고 표현합니다.

**수 일치**

명사 volume은 셀 수 있는 명사가 아닙니다. 우리가 소리의 크기를 셀 수는 없기 때문이지요. 정관사 the가 붙는 게 중요합니다. 말 그대로 '정해져 있기' 때문에 정관사이고 그렇기 때문에 '한정적' 의미를 갖습니다. '바로 그(것)'의 뜻입니다. 따라서 the volume의 속뜻은 '바로 그 볼륨'이 됩니다.

He turned up **the volume.**

그는 볼륨을 높였다.

I asked them to turn up **the volume.**

내가 볼륨을 좀 높여 달라고 부탁했어.

Don't let anybody turn up **the volume.**

아무도 볼륨을 높이지 못하게 해.

anybody라고 해서 turns up the volume이 되지 않습니다. 사역동사 let의 목적 보어로는 동사원형이 쓰이기 때문입니다.

**태의 변환**

He turned up the volume.은 능동태 문장입니다. '그'가 볼륨을 높였음을 강조해서 말하는 겁니다. 하지만 '볼륨'이 높아졌다고 말한다면 수동태를 이용하게 됩니다.

## The volume **was turned up**.

볼륨이 높아졌다.

## The volume must **be turned up** a little bit.

볼륨을 좀 높여야 됩니다.

## The volume should've **been turned up**.

볼륨을 높였어야 했는데 말이야.

must be의 형태라고 무조건 '~임에 틀림없다'로 기계적으로 외우면 안 됩니다. 내용에 따라서 '~이어야 된다'로 해석될 수 있습니다. 'should've been+과거분사(p.p.)'는 '~의 상태였으면 좋았을걸' 정도로 해석합니다.

**시제 변화**

turn의 과거형은 turned입니다. 규칙 변화에 해당되지요. 부사(up)는 동사나 형용사, 또는 부사를 강조합니다. 그래서 turn up을 흔히 붙여서 기억합니다.

## He**'ll turn up** the volume.

그가 볼륨을 높일 거야.

## He**'s going to turn up** the volume.

그가 볼륨을 높일 테니까 신경 끊어.

## He **has turned up** the volume.

걔가 볼륨을 높였어. (그래서 지금 이렇게 시끄러운 거야.)

시제의 의미상 특징을 정확하게 반영하는 해석이 이루어져야 됩니다. will이 단순히 '미래의 사실'을 말한다면 be going to는 '미래의 보다 분명한 사실'을 전합니다. 따라서 '신경 끊어' 같은 의역이 추가될 수 있지요. 현재완료는 과거의 일로 인해서 전개되는 현재의 상황을 말하는 것이므로 '그래서 지금'의 느낌을 넣어서 추가로 이해하는 것이 좋습니다. 뒤에 이어질 가능성이 있는 문장들은 다음과 같습니다.

1) He has turned up the volume. That's why it's so loud now. 그래서 지금 이렇게 시끄러운 거야.
2) He has turned up the volume. Don't pick a fight. 괜히 싸움 걸지 마.

---

**전치사구로 확장**

He turned up the volume **for us.**

그가 우리 대신 볼륨을 높여줬어.

He turned up the volume **on the computer.**

그는 컴퓨터의 볼륨을 높였다.

---

**접속사절로 확장**

He turned up the volume **as soon as they arrived.**

그들이 도착하자마자 그는 볼륨을 높였다.

He turned up the volume **while she was dancing to the music.**

그녀가 그 음악에 맞추어 춤을 추는 동안 그는 볼륨을 높였다.

006

# He put Harvard on hold.

**그는 하버드대학 입학을 보류했다.**

타동사 put은 '~을 놓다'라는 의미입니다. 물건을 놓는 것뿐 아니라 '~의 상태로 놓다'라는 의미를 포함하지요. on hold는 '보류된 상태'를 뜻합니다. 따라서 put Harvard on hold는 '하버드대학을 보류 상태로 놓다'로 이해합니다. '하버드대학으로 결정하지 않고 일단은 보류해두다'라는 뜻입니다. 동사 put의 3단 변화는 put-put-put입니다.

**수 일치**

hold는 '쥐기', '잡기' 등의 뜻을 갖는 추상명사입니다. 셀 수 없습니다. 따라서 a hold라고 하지 않습니다. on hold는 '잡고 있는 상태의 지속'을 의미합니다. 따라서 '보류된 상태'를 뜻하는 것입니다.

## He put **Harvard on hold.**

그는 하버드대학을 일단 보류해 뒀어.

## He put **the decisions on hold.**

그는 그 결정들을 나중으로 보류했다.

## He put **me on hold.**

그가 기다리라고 해서 기다리고 있었지. (전화상에서)

과거 시제는 수의 일치에 적용되지 않습니다. 셀 수 있는 명사들의 경우에는 특별히 '하나'를 강조해야 하는 경우를 제외하고는 복수형을 씁니다. 예를 들어 '실수하다'는 make mistakes, '사진을 찍다'는 take pictures로 표현합니다.

**태의 변환**

He put Harvard on hold.는 능동태 문장입니다. 그 사람의 행위를 강조한 말이지요. 하지만 Harvard를 중심으로 말할 때가 있습니다. 그러면 수동태를 이용합니다.

## Harvard **was put** on hold.

하버드대학은 보류된 상태였던 거야.

## Harvard should **be put** on hold.

하버드대학은 지금 보류되어야 할 상황이야.

## How long can Harvard **be put** on hold?

하버드대학이 언제까지 보류될 수 있는 거야?

대학교에서 입학 허가가 나와도 사정상 일정 기간 동안 입학을 보류할 수 있습니다. 물론 대학교의 허락하에 말이죠. 그 보류가 가능한 기간을 묻는 질문입니다.

---

**시제 변화**

put 은 과거 시제로 쓰이고 있습니다. 만일 현재였다면 He puts Harvard on hold.라고 했겠죠. 물론 의미상으로 이 현재 시제 문장은 존재할 수 없습니다. 시제의 선택은 그 선택에 맞는 동사의 적절한 형태 변화를 동반합니다.

## He **will put** Harvard on hold.

그는 하버드대학 입학을 보류할 거야.

## He **told** me he **would put** Harvard on hold.

그 애가 나한테 그러던데. 하버드대학 입학을 보류할 거라고.

## What **makes** you **put** Harvard on hold?

무슨 이유로 하버드대학 입학을 보류하는 거야?

told는 과거 시제이므로 뒤에 이어지는 will은 would로 바뀌게 됩니다. 시제의 일치입니다. 마지막 문장의 make는 사역동사이므로 목적 보어로 동사원형 put이 온 겁니다.

---

**전치사구로 확장**

He put Harvard on hold **due to a lack of money.**

그는 돈이 부족해서 하버드대학 입학을 보류했다.

He put Harvard on hold **for family reasons.**

그는 집안 사정 때문에 하버드대학 입학을 보류했다.

He put Harvard on hold **on a whim.**

그는 충동적으로 하버드대학 입학을 보류했다.

---

**접속사절로 확장**

He put Harvard on hold **because he'd changed his mind.**

그는 이미 생각이 바뀌었기 때문에 하버드대학 입학을 보류했다.

He put Harvard on hold **after he had discussed a lot of things with his family.**

그는 가족과 많은 일들을 상의하고 난 후에 하버드대학 입학을 보류했다.

007

# He hired a private detective to follow her.

**그는 사설탐정을 한 명 고용해 그녀를 미행하게 했다.**

타동사 hire는 '~을 돈을 주고 고용하다'라는 의미입니다. 특별한 목적을 위해서 사람을 고용하는 것은 물론 회사에서 직원을 고용할 때도 hire를 씁니다. private은 '개인적인', '사립의' 등의 뜻이며, detective는 '탐정', '형사' 등을 뜻합니다. 따라서 private detective는 '사설탐정', '사립탐정'을 뜻하지요. follow는 타동사로 '~을 미행하다'라는 뜻입니다.

**수 일치**

목적어로 쓰인 '사립탐정'은 셀 수 있는 '사람'입니다. 따라서 한 사람이면 a detective, 두 사람 이상이면 detectives를 사용하게 되지요. 셀 수 있는 명사의 '수', 절대 방심하면 안 됩니다.

He hired **a private detective** to follow her.
그는 사설탐정을 한 명 고용해 그녀를 미행하게 했다.

They hired **private detectives** to follow her.
그들은 여러 명의 사립탐정을 고용해서 그녀를 미행하게 했다.

We'd better hire **a private detective** to follow her.
우린 사설탐정을 한 사람 고용해서 그녀를 미행시키는 게 좋겠어.

'We'd better+동사원형'은 '우리는 ~하는 게 좋겠다'라는 제안 및 권유를 하는 표현입니다.

**태의 변환**

He hired a private detective to follow her.는 능동태 문장입니다. '그'의 행위에 초점을 맞추었습니다. '사설탐정'을 중요하게 다루는 문장에서는 수동태가 사용됩니다.

## A private detective **was hired** to follow her.

사립탐정이 그녀를 미행하기 위해서 고용되었다.

## A private detective needs to **be hired** to follow her.

사립탐정이 그녀를 미행하기 위해서 고용될 필요가 있습니다.

## Who do you want to **be hired** to follow her?

너는 그녀를 미행하기 위해서 누가 고용되기를 바라는 거야?

문장이 길어질수록 수동태와 능동태의 선택과 함께 그 전환이 느려질 수밖에 없습니다. 짧은 문장들은 물론이고 긴 문장들을 대할 때 자신감을 갖고 익숙해질 필요가 있습니다.

**시제 변화**

hire의 3단 변화는 hire-hired-hired입니다. 동사의 과거형과 과거분사형을 기억하는 것도 만만치 않습니다. 규칙 변화인지 불규칙 변화인지 감이 오지 않는 동사들도 꽤 많기 때문입니다. 동사는 문장의 핵심입니다.

## He**'s hiring** a private detective to follow her.

그는 그녀를 미행할 사립탑정을 곧 고용할 거야.

## He **will hire** a private detective to follow her.

그는 분명히 사립탐정을 고용해서 그녀를 미행하게 할 거야.

## He **would hire** a private detective to follow her.

(그런 일이 있었으니) 그는 사설탐정을 고용해서 그녀를 미행하게 할 거야.

He **must have hired** a private detective to follow her.

그는 분명히 사립탐정을 고용해서 그녀를 미행시켰을 거야.

현재진행으로 미래를 말할 때는 '곧'을 넣어 해석하는 것이 좋고, would를 이용해서 미래를 말할 때는 '과거에 어떤 일이 있었기 때문에 그걸 근거로 앞으로 뭔가를 하거나 어떤 일이 일어날 것이다'라는 의미를 전하게 됩니다.

---

**전치사구로 확장**

He hired a private detective to follow her **around the clock.**

그는 사설탐정을 고용해서 그녀를 24시간 미행하게 했다.

He hired a private detective to follow her **with his own money.**

그는 자비로 사립탐정을 고용하여 그녀를 뒤쫓게 했다.

---

**접속사절로 확장**

He hired a private detective to follow her **who had cheated on him.**

그는 사립탐정을 고용해서 자기 몰래 바람을 피운 그녀를 미행하게 했다.

He hired a private detective to follow her **who was charged with fraud.**

그는 사립탐정을 고용해서 사기죄로 기소 상태인 그녀를 미행하게 했다.

008

# He built the richest law firm in Memphis.

**그는 멤피스에서 가장 돈이 많은 로펌을 만들어냈다.**

타동사 build는 '~을 짓다', '~을 만들어내다', '~을 창조하다' 등을 뜻합니다. 단순히 건물을 짓는 것뿐 아니라 하나의 조직이나 회사를 오랜 시간이 걸려서 튼튼하게 만들어낸다는 의미를 포함한다는 것도 기억해야 합니다. the richest law firm은 '가장 돈이 많은 로펌', '가장 돈을 잘 버는 로펌' 등으로 이해합니다.

**수 일치**

최상급(the richest)은 최고의 자리를 의미하므로 수로 따지면 주로 단수에 해당됩니다. 하지만 최고의 자리에 있는 여러 개 중의 하나라는 개념으로 one of the richest law firms처럼 표현하기도 합니다.

He built **the richest law firm** in Memphis.

그는 멤피스에서 가장 돈이 많은 로펌을 만들어냈다.

He built **one of the richest law firms** in Memphis.

그는 멤피스에서 가장 돈 많은 로펌들 중의 하나를 만들어냈다.

They built **the richest law firms** in the world.

그들은 세계에서 가장 돈 많은 로펌들을 만들어냈다.

문장 중간에 들어가는 명사의 수는 문장의 정확한 이해를 통해서 단수와 복수를 제대로 선택할 수 있어야 합니다.

**태의 변환**

He built the richest law firm in Memphis.는 능동태 문장입니다. 그의 행위를 강조한 문장이지요. 로펌의 상태를 말할 때는 수동태를 이용하게 됩니다.

## The richest law firm in Memphis **was built by him.**

멤피스에서 가장 돈 많은 로펌이 그에 의해서 만들어졌다.

## When **was** the building **built**?

그 건물은 언제 지어진 거였어?

## Their friendship **was built** on music.

그들의 우정은 음악 위에 다져진 것이었다.

'멤피스에서 가장 돈 많은 로펌'인 the richest law firm in Memphis가 한 묶음으로 움직이게 됩니다. be built on music에서처럼 '~의 토대 위에 탄탄히 자리 잡다'라는 의미로 be built on을 사용하게 됩니다.

---

**시제 변화**

build의 3단 변화는 build-built-built입니다. 과거 시제는 과거에만 국한된 내용을 설명할 때 사용합니다. 현재와는 무관한 겁니다. 과거의 일이 현재에까지 영향을 주고 있음을 표현할 때는 현재완료를 이용합니다.

## He **has built** the richest law firm in Memphis.

그가 멤피스에 가장 돈 많은 로펌을 세웠잖아. (그러니까 저 정도로 누리면서 사는 거지.)

## He **will build** the richest law firm in Memphis.

그는 분명히 멤피스에서 가장 돈 많은 로펌을 세울 거야.

## He **will have built** the richest law firm in Memphis next year.

그는 내년이면 멤피스에서 가장 돈 많은 로펌을 만들어낸 상태일 거야.

He **is building** the richest law firm in Memphis.

그는 지금 멤피스에서 가장 돈 많은 로펌을 만들어내고 있는 중이야.

습관적이 아닌, 정확한 이해를 바탕으로 한 시제 전환 연습이 필요합니다.

---

**전치사구로 확장**

He built the richest law firm in Memphis **without any help**.

그는 어떤 도움도 받지 않고 멤피스에서 가장 돈 많은 로펌을 만들었다.

He built the richest law firm in Memphis **in twenty years**.

그는 20년 만에 멤피스에서 가장 돈 많은 로펌을 만들어냈다.

---

**접속사절로 확장**

He built the richest law firm in Memphis **which had more than 100 lawyers**.

그는 100명이 넘는 변호사가 있는, 멤피스에서 가장 돈 많은 로펌을 만들어냈다.

He built the richest law firm in Memphis **where he had been born and raised**.

그는 자신이 태어나고 자랐던 멤피스에서 가장 돈 많은 로펌을 만들어냈다.

009

# He canceled the rest of his appointments.

**그는 그의 나머지 약속들을 취소했다.**

타동사 cancel은 '이미 약속해 놓은 스케줄을 취소하다'라는 의미입니다. 문어체 동사이며, 같은 의미로 구어체에서는 call off를 흔히 사용합니다. rest는 '나머지'의 의미로 쓰이고 있으며, appointment는 사적인 가벼운 만남 약속이 아닌, 비즈니스 미팅에 관계된 약속, 의사와의 진찰 약속 등을 의미합니다.

**수 일치**

canceled는 과거 시제이므로 주어의 수에 영향을 받지 않습니다. rest는 보통 the rest의 형태로 쓰이며 단수와 복수형이 같습니다. appointment는 셀 수 있는 명사이므로 단수일 때는 an appointment, 복수일 때는 appointments를 이용합니다.

He canceled **the rest** of his **appointments.**

그는 그의 나머지 약속들을 취소했다.

I canceled my **appointment.**

나는 약속을 취소했다.

Did you cancel **the rest of** your **appointments**?

너 나머지 약속을 다 취소했어?

명사의 단수와 복수의 선택은 생각만큼 쉽지 않습니다. 말할 때나 글을 정확히 써내려 갈 때 가장 혼란스러운 부분일 수 있지요. 오류가 생기지 않도록 지속적인 연습이 필요합니다.

**태의 변환**

He canceled the rest of his appointments.는 능동태 문장입니다. 그의 행위를 강조한 문장이지요. 만일 그의 나머지 약속의 상태를 중요하게 다뤄야 한다면 수동태 문장을 이용해야 합니다.

## The rest of his appointments **were canceled**.

그의 나머지 약속들은 모두 취소되었다.

## Your appointments have **been canceled** as you requested.

당신이 요구한 대로 약속은 모두 취소됐습니다.

## Why didn't you tell me the rest of your appointments **were canceled**?

당신 나머지 약속들이 다 취소됐다고 왜 나한테 말해주지 않았어요?

단순히 능동태를 수동태로 바꾸는 행위가 아닙니다. 문장의 주인을 설정하여 그 의미를 변화시키는 행위입니다. 따라서 능동태의 주어가 수동태에 등장하지 않는 건 특별한 경우를 제외하고는 당연한 현상입니다.

**시제 변화**

동사 cancel의 3단 변화는 cancel-canceled-canceled입니다. 과거와 과거분사의 형태가 cancelled-cancelled일 수도 있습니다.

## He **has canceled** the rest of his appointments.

그는 이미 나머지 약속들을 다 취소했어. (그래서 저렇게 여유 있는 거야.)

## He **should have canceled** the rest of his appointments.

그는 나머지 약속들을 다 취소했어야 했어.

He **is going to cancel** the rest of his appointments.

그는 분명히 나머지 약속들을 다 취소할 거야.

시제의 변화는 단순한 형식이 아닙니다. 시제의 변화 안에 포함된 상황과 여러 가지 감정들을 잘 이해하고 있어야 시제의 변화를 온전히 활용할 수 있게 됩니다.

---

**전치사구로 확장**

He canceled the rest of his appointments **after hearing the news.**

그 소식을 들은 후에 그는 나머지 약속들을 모두 취소했다.

He canceled the rest of his appointments **on her command.**

그는 그녀의 명령에 따라서 나머지 약속들을 모두 취소했다.

---

**접속사절로 확장**

He canceled the rest of his appointments **and rushed out the door.**

그는 나머지 약속들을 다 취소하고 문밖으로 뛰쳐나갔다.

He canceled the rest of his appointments **and broke down in tears.**

그는 나머지 약속들을 취소하고 울음을 터뜨렸다.

010

# Stress causes heart attacks.

**스트레스가 심장마비를 일으킨다.**

타동사 cause는 '~을 일으키다', '~을 초래하다', '~의 원인이 되다' 등을 뜻합니다. stress는 우리가 흔히 말하는 '스트레스' 그대로입니다. heart attack은 '심근경색', '심장발작', '심장마비' 등으로 해석하지요. 현재 시제를 쓰면 일반적으로 일어나는 상황을 말하기 때문에 "스트레스는 보통 심장마비를 일으킵니다." 정도로 이해하면 됩니다.

**수 일치**

stress는 셀 수 없는 추상명사입니다. 추상명사는 단수로 취급하지요. 따라서 뒤에 이어지는 동사 cause에 영향을 주어 causes가 됩니다. heart attack은 셀 수 있는 명사입니다. 심장마비 전체를 통틀어 말할 때는 heart attacks로 복수형을 이용하게 됩니다.

## **Stress causes** heart attacks.

스트레스는 심장마비를 일으킵니다.

## **What causes** heart attacks?

무엇이 심장마비를 일으키는가?

## **Those factors cause** heart attacks.

그런 요인들이 심장마비를 일으킵니다.

## How **does stress cause** heart attacks?

스트레스는 어떻게 심장마비를 일으키는가?

의문사 what은 단수 취급을 받는 대명사입니다. factor는 '요인'이며, those는 that의 복수형이지요. 따라서 복수형 명사는 those factors입니다. 3인칭 단수의 주어 문장이 의문문이 되면 does가 앞으로 나가고 본동사는 원형을 쓰게 됩니다.

---

**태의 변환**

Stress causes heart attacks.는 능동태 문장입니다. 스트레스 중심의 문장이지요. 그러나 심장마비를 강조해서 말하고 싶으면 수동태 문장을 이용하게 됩니다.

## Heart attacks **are caused** by stress.

심장마비는 스트레스로 인해서 생깁니다.

## Heart attacks can **be caused** by stress.

심장마비는 스트레스로 인해서 생길 수 있습니다.

## Heart attacks are said to **be caused** by stress.

심장마비는 스트레스로 인해서 생긴다고 합니다.

이 문장은 수동태로 바뀌더라도 '스트레스에 의해서 생긴다'는 의미가 분명히 전달되어야 하기 때문에 by stress가 생략될 수 없습니다.

---

**시제 변화**

동사 cause의 3단 변화는 cause-caused-caused입니다. 시제를 나눌 때 과거분사는 완료 시제에 사용되며 '이미 ~인 상태인'으로 해석되어 '과거'의 의미를 포함합니다.

## Stress **has caused** heart attacks.

스트레스가 그동안 심장마비를 일으켜왔던 거야. (그래서 지금 스트레스가 주목받고 있잖아.)

Stress **will cause** heart attacks.

스트레스가 심장마비를 일으킬 겁니다.

Stress **must have caused** heart attacks.

스트레스가 심장마비를 일으킨 것이 틀림없어.

현재완료 시제는 특히 완전히 이해하여 정확히 활용할 수 있어야 합니다. 이것은 한두 문장의 연습으로 완성될 수 없습니다. 익숙해질 때까지 많은 문장을 접해야 합니다.

---

**전치사구로 확장**

Stress causes heart attacks **for sure**.

스트레스가 분명히 심장마비를 일으킵니다.

Stress causes heart attacks **in some cases**.

경우에 따라서는 스트레스가 심장마비를 일으킵니다.

---

**접속사절로 확장**

Stress causes heart attacks, **so you need to follow these instructions**.

스트레스는 심장마비를 일으키므로 여기 설명을 잘 따를 필요가 있어요.

Stress causes heart attacks, **so you should try not to get stressed**.

스트레스는 심장마비를 일으키니까 스트레스 받지 않도록 애를 써봐.

011

# It doesn't surprise me at all.

**그런 걸로는 나를 절대 놀라게 할 수 없지.**

타동사 surprise는 '~을 놀라게 하다'라는 뜻입니다. 전혀 예상하지 못했던 행동을 하거나 뜻밖의 일이 벌어지면서 사람들을 놀라게 한다는 뜻입니다. not at all은 '전혀 아닌'이라는 의미이며, doesn't surprise me at all은 '나를 전혀 놀라게 하지 않는다'가 되고, 이것을 '당연한 일이다'까지 의역할 수 있습니다.

**수 일치**

3인칭 명사나 대명사가 주어로 나올 때 뒤에 이어지는 부정어는 doesn't입니다. 의외로 don't 와 혼동하는 경우가 많습니다. 문법은 1차적으로 형식의 완성, 2차적으로는 의미의 완성입니다. 형식에서 흔들리면 내용에 접근조차 할 수 없습니다.

## **It doesn't** surprise me at all.

그게 뭐 놀랄 일인가? 난 당연하다고 보는데.

## **They don't** surprise him at all.

그런 걸로 놀랄 애가 아니야.

## **Nothing surprises** her at all.

걔는 어떤 일이 있어도 놀라는 애가 아니야.

일반 동작동사가 현재 시제로 쓰이면 '늘, 일반적으로 있는 일'을 말하게 됩니다. 그에 따른 적절한 해석이 필요하지요. nothing은 단수로 취급하며 nothing이 쓰인 문장은 특히 의역을 잘해야 합니다.

**태의 변환**

It doesn't surprise me at all.은 능동태 문장입니다. 그것이 나에게 미치는 영향을 강조한 문장이지요. 나의 상태를 강조해서 말할 때는 수동태 문장을 이용합니다.

## I'm not **surprised** at all.

나는 전혀 놀랍지 않은데.

## I **wasn't surprised** when I heard the news.

나는 그 소식을 들었을 때 놀라지 않았다.

## I **was surprised** by his audacity.

나는 그의 뻔뻔스러운 행동과 말에 깜짝 놀랐다.

surprise는 능동보다는 수동이 우리에게 훨씬 익숙합니다. surprised가 과거분사형이 아닌 형용사 자체로 완전 굳어져버렸기 때문이기도 합니다. 그렇기 때문에 더욱 생소하게 느껴지는 surprise의 능동태 문장에 관심을 기울여야 합니다. audacity는 '뻔뻔한 말이나 태도, 행동'을 의미합니다.

**시제 변화**

동사 surprise의 3단 변화는 surprise-surprised-surprised이며, 현재분사형은 surprising으로 '남을 깜짝 놀라게 하는'이라는 뜻입니다.

## It **didn't surprise** me at all.

그게 나는 전혀 놀랍지 않던걸.

## It **hasn't surprised** me at all.

내겐 그게 전혀 놀랄 일이 아니었으니까 지금 이렇게 행동하고 있지.

## It **won't surprise** me at all.

그래봐야 내가 뭐 놀라기나 하겠니.

It **wouldn't surprise** me at all.

(그 상황을 내가 뻔히 알고 있는데) 내가 놀랄 게 뭐 있겠어.

해도해도 의역에 익숙해지기는 쉽지 않습니다. 문장에 따라서 적절한 의역이 가능하도록 많은 연습과 생각을 깊이 할 필요가 있습니다.

---

**전치사구로 확장**

It doesn't surprise me at all **in this messy situation.**

이런 엉망인 상황에서 그건 전혀 놀랄 일이 아니야.

It doesn't surprise me at all **unlike his previous behavior.**

그의 이전 행동과는 달리 그건 내가 볼 때 전혀 놀랄 일이 아니야.

---

**접속사절로 확장**

It doesn't surprise me at all **because I know his intention.**

나는 그의 의도를 잘 알기 때문에 그건 전혀 놀랄 일이 아니야.

It doesn't surprise me at all **when I take his personality into consideration.**

그의 인격을 고려해 볼 때 그건 전혀 놀랄 일이 아니지.

012

# We must stop the war.

**우리는 그 전쟁을 반드시 끝내야 해.**

타동사 stop은 '~을 끝내다', '~을 멈추다', '~을 그만두다' 등을 뜻합니다. 조동사 must는 '뭔가를 반드시 해야만 한다, 그렇지 않으면 큰 문제가 발생한다'라는 의미를 전합니다. 따라서 must stop은 '~을 반드시 멈추거나 끝내야 한다'라는 뜻이 되지요. 목적어로 '전쟁'이 왔으므로 '반드시 전쟁을 끝내야 한다'로 이해하게 됩니다.

---

**수 일치**

조동사는 수의 일치와는 무관하므로 주어의 수와 관계없이 늘 원형을 유지합니다. 그리고 조동사 뒤에는 동사원형을 쓰므로 역시 주어가 갖는 수의 영향을 전혀 받지 않지요. war는 셀 수 있는 명사이므로 단수일 때는 a war, 복수일 때는 wars가 됩니다.

## **We must stop** the war.

우리는 그 전쟁을 반드시 끝내야만 해.

## **One of them must stop** the war.

그들 중 한쪽이 그 전쟁을 끝내야 해.

## **We must stop** the wars around the world.

우리는 세계에서 일어나고 있는 전쟁들을 끝내야 합니다.

정관사 the는 명사의 의미를 한정합니다. 그래서 '한정적 용법'의 the라고 말하고 '한정하는 관사'를 줄여서 '정관사'라고 칭합니다.

**태의 변환**

We must stop the war.는 능동태 문장입니다. 우리가 해야 할 행위를 강조하는 문장이지요. 전쟁을 강조하려면 수동태 문장을 사용하게 됩니다.

The war **must be stopped.**

그 전쟁은 끝내야 해.

Such bad behavior **must be stopped.**

그런 악행은 사라져야 해.

Smoking **must be stopped** on the street.

담배 피우는 행위는 거리에서 없어져야 해.

Breaking traffic regulations **must be stopped.**

교통법규를 어기는 행위는 사라져야 해.

능동태에 쓰인 '의무'나 '규칙'의 뜻을 그대로 살리기 위해서는 수동태에서도 능동태와 같은 조동사 must를 이용합니다. 하지만 능동태와 수동태에서 강조하는 바는 서로 엄연히 다르다는 사실을 잊어서는 안 됩니다.

**시제 변화**

stop은 3단 변화가 stop-stopped-stopped입니다. 현재분사는 stopping이지요. 과거와 분사형으로 바뀔 때 p가 두 개 붙는다는 사실을 기억해야 합니다.

Who do you think **will stop** the war?

네 생각에는 누가 그 전쟁을 끝낼 것 같아?

Nobody **could stop** the war.

아무도 그 전쟁을 끝낼 수 없었다.

We **should have stopped** the war.

우리는 진작에 그 전쟁을 끝냈어야 했어.

We **have** finally **stopped** the war.

우리가 마침내 그 전쟁을 끝냈잖아.

We**'re about to stop** the war.

우리는 이제 막 그 전쟁을 끝내려고 한다.

be about to + 동사원형은 '막 ~하려고 하다'라는 의미입니다.

---

**전치사구로 확장**

We must stop the war **before long**.

오래지 않아서 우리는 그 전쟁을 끝내야 해.

We must stop the war **at any moment**.

우리는 당장이라도 그 전쟁을 끝내야 해.

---

**접속사절로 확장**

We must stop the war **before it causes more trouble**.

우리는 더 큰 분란을 일으키기 전에 그 전쟁을 멈춰야 해.

We must stop the war, **or we would face calamities we've never expected**.

우리는 그 전쟁을 멈춰야 해. 그렇지 않으면 우리는 지금까지 예상하지 못했던 재앙들에 직면하게 될 거야.

013

# I sold one of my paintings to her.

**나는 내 그림 한 점을 그녀에게 팔았어.**

타동사 sell은 '~을 팔다', '~을 매각하다' 등을 뜻합니다. 3단 변화는 sell-sold-sold이지요. 동사 paint는 '물감으로 ~을 그리다'라는 의미이며, 명사형인 painting은 '물감으로 그린 그림'을 뜻합니다. 따라서 sell paintings to ~는 '~에게 그림들을 팔다'라는 뜻이 되지요.

**수 일치**

과거 시제 동사(sold)는 주어의 수에 관계없이 그대로 사용합니다. one of my paintings는 paintings가 '주'가 아니라 one이 주인공입니다. 따라서 이 표현 자체는 복수가 아닌 단수에 해당됩니다. 이것을 one of my painting이라고 해서는 절대 안 됩니다. '여러 개 중의 하나'이기 때문에 paintings는 반드시 복수형을 써야 합니다.

I sold **one** of my **paintings** to her.
나는 내 그림 한 점을 그녀에게 팔았다.

She sold **some** of her **paintings** to them.
그녀는 자신의 그림 몇 점을 그들에게 팔았다.

They sold **a few pieces** of their **paintings** to him.
그들은 자신들의 그림 중 몇 점을 그에게 팔았다.

a few는 '두세 개' 또는 '서너 개'를 의미하기 때문에 복수로 받습니다. 따라서 a few pieces의 형태가 되지요. a few piece가 되지 않도록 주의해야 합니다.

**태의 변환**

I sold one of my paintings to her.는 능동태 문장입니다. 내가 했던 행위를 강조한 문장이지요. 하지만 그림의 상태를 강조하고자 하면 수동태 문장을 이용해야 합니다.

One of my paintings **was sold** to her.

내 그림 한 점이 그녀에게 팔렸다.

I didn't expect it to **be sold**.

난 그게 팔릴 거라고는 전혀 예상하지 못했어.

The painting **was sold** for two thousand dollars.

그 그림은 2000달러에 팔렸다.

가격을 말할 때는 '값어치'를 의미하는 전치사 for를 이용합니다. 따라서 be sold for를 이용하여 '~의 가격으로 팔리다'라는 의미를 전하게 됩니다.

---

**시제 변화**

동사가 불규칙 변화를 일으킬 때는 과거와 과거분사의 활용에 특히 신경 써야 합니다. 문장 단위로 정확히 이해하고 기억하면 그런 신경 쓰임이 확연히 줄어들게 됩니다.

I **have sold** one of my paintings to her.

내가 그녀에게 내 그림 한 점을 팔았거든. (그래서 이렇게 기분이 좋은 거야.)

I **will sell** one of my paintings to her.

내가 어떻게든 그녀에게 내 그림을 한 점 팔 거야.

I **would sell** one of my paintings to her.

(상황이 이러한데) 그녀에게 그림 한 점은 팔아야겠지.

I **could sell** one of my paintings to her.

(상황이 이렇다면) 그녀에게 내 그림 한 점은 팔 수 있겠네.

could는 would와 마찬가지로 '과거에 있었던 일을 전제로' 앞으로 뭔가를 할 수 있을 것이라는 의미를 전합니다. 조동사 would와 could의 의미 이해와 활용의 중요성은 아무리 강조해도 지나치지 않습니다. 우리에게는 가장 어렵고 부담스러운 조동사들이기 때문입니다.

---

**전치사구로 확장**

I sold one of my paintings to her **at the last minute.**

나는 막판에 그녀에게 내 그림 한 점을 팔았어.

I sold one of my paintings to her **with the help of him.**

나는 그의 도움으로 그녀에게 내 그림 한 점을 팔았지.

---

**접속사절로 확장**

I sold one of my paintings to her **and sent her a thank-you note.**

나는 그녀에게 내 그림 한 점을 팔았고 그녀에게 감사의 편지를 보냈다.

I sold one of my paintings to her **who had an eye for paintings.**

나는 그림을 보는 안목이 있는 그녀에게 내 그림을 한 점 팔았다.

014

# You need to wash it away.

**그건 씻어서 없애야지.**

타동사 wash는 '물로 ~을 씻다'라는 의미입니다. 부사 away는 '눈에 띄지 않게 멀리'라는 뜻이지요. 따라서 wash it away는 '그것을 물로 씻어서 없애다'로 이해합니다. need to는 '꼭 ~을 할 필요가 있다'라는 의미입니다. 동사 need의 특성상 뒤에는 '미래'의 의미가 목적어로 나오게 됩니다. 그래서 '미래'를 뜻하는 to부정사가 목적어 자리에 위치한 것입니다.

**수 일치**

동사 need는 주어의 수에 영향을 받는 일반 동사입니다. 주어가 you이므로 원형인 need를 그대로 쓰게 되지요. 주어가 3인칭 단수일 경우에는 needs를 씁니다.

## **You need** to wash it away.

너는 그걸 깨끗이 씻어서 없애야 해.

## **One of you needs** to wash it away.

누가 됐든 너희 중 한 사람이 그걸 깨끗이 씻어서 없애도록 해.

## **Who** do you think **needs** to wash it away?

네 생각엔 누가 그걸 깨끗이 씻어서 흔적을 지워야 할 것 같아?

## John and Jane are **the ones who need** to wash it away.

존과 제인이 바로 그걸 깨끗이 씻어 없애야 될 사람들이야.

의문대명사로 문장의 앞에 쓰이는 Who는 단수로 취급하지만, 관계대명사로 쓰일 때는 who 앞에 쓰인 선행사의 수가 who 뒤의 동사의 형태를 통제합니다.

**태의 변환**

You need to wash it away.는 능동태 문장입니다. 당신이 해야 할 일을 강조하는 것이지요. 하지만 그 일의 상태를 말하고자 하면 수동태를 이용해야 합니다.

## It needs to **be washed** away.

그건 깨끗이 씻어서 없애야 해.

## Don't let anything **be washed** away.

아무것도 씻어서 없애면 안 돼. (이 상태 그대로 둬.)

## What needs to **be washed** away?

뭘 깨끗이 씻어서 없애야 되는 건데?

## Do you really think it needs to **be washed** away?

너 정말 그걸 깨끗이 씻어서 없애야 된다고 생각하는 거야?

능동태를 수동태로 바꿀 때 형태의 변화를 기억하는 것은 단순한 모양의 기억일 뿐입니다. 형태의 변화에 더해서 왜 능동태를 쓰고, 왜 수동태를 쓰는가를 정확히 이해하고 활용할 수 있는 능력을 기르는 것이 훨씬 중요합니다.

**시제 변화**

need가 아닌 wash의 시제를 변화시키는 연습이 필요한 문장입니다. need to는 '미래 시제'로 보고 나머지 시제를 연습해 봅니다.

## You **have washed** it away.

네가 그걸 다 씻어서 없애 버렸잖아. (그래서 이 문제가 생긴 거야.)

## You **should have washed** it away.

그걸 다 씻어서 없애 버렸어야지.

Somebody **must have washed** it away.

누군가가 그걸 깨끗이 씻어서 없앤 거야. 틀림없어.

Somebody **will have washed** it away.

분명히 누군가가 그걸 깨끗이 씻어서 이미 없앤 상태로 남아 있을 거야.

'must have+과거분사(p.p.)'의 형태는 '~이었음에 틀림없다'는 의미이며, 미래완료, 'will have p.p.'의 형태는 '미래에 이미 ~인 상태로 있을 것이다'라는 뜻입니다.

---

**전치사구로 확장**

You need to wash it away **in a rush**.

너 그거 서둘러서 씻어 없애야 해.

You need to wash it away **with some product**.

너 그거 적절한 제품을 이용해서 지워야 해.

---

**접속사절로 확장**

You need to wash it away **if you don't want to get caught**.

너 잡히고 싶지 않으면 그거 깨끗이 다 씻어 없애야 해.

You need to wash it away **before he gets here**.

그가 도착하기 전에 그거 깨끗이 씻어 없애도록 해.

015

# X-rays have shown no evidence.

**여러 번 엑스레이를 찍었지만 그것들은 아무런 증거도 보여주지 못했다.**

타동사 show는 '~을 보여주다'라는 뜻의 타동사입니다. evidence는 '증거'를 뜻하지요. 결국 show no evidence는 '증거를 보여주지 못하다'입니다. not을 이용한 don't show any evidence에 비해 더 강조된 표현이 no를 이용한 표현입니다.

**수 일치**

X-ray는 셀 수 있는 명사입니다. 그 복수형은 X-rays이지요. 따라서 동사는 has가 아닌 have를 이용합니다. 그러나 evidence는 추상명사이며 셀 수 없는 명사입니다. '하나의 증거'는 a piece of evidence로 표현하고, '증거들'은 pieces of evidence 또는 some evidence라고 합니다.

**X-rays have** shown **no evidence.**

여러 번의 엑스레이들이 아무런 증거도 보여주지 못했다.

**An X-ray has** shown **some evidence.**

한 번 찍은 엑스레이에서 어느 정도의 증거가 나왔다.

**Every piece of evidence suggests** that she committed suicide.

모든 증거 하나하나가 그녀는 자살했음을 시사하고 있다.

He was so interested in the **various pieces of evidence.**

그는 다양한 증거들에 관심이 많았다.

advice와 더불어 단수와 복수가 존재할 것만 같은 명사가 evidence입니다. 다양한 문장을 접하면서 그것이 셀 수 없는 명사임을 자연스럽게 받아들여야 합니다.

---

**태의 변환**

X-rays have shown no evidence.는 능동태 문장입니다. X-ray 중심의 문장이지요. 하지만 evidence 중심으로 말하고 싶다면 수동태 문장을 이용하게 됩니다.

## No evidence has **been shown** by X-rays.

아무런 증거도 엑스레이 결과 나오지 않았다.

## Do you think clear evidence can **be shown** by X-rays?

확실한 증거가 엑스레이상으로 나타날 것 같아?

## Evidence needs to **be shown** by three. We have no time.

3시까지는 증거가 나와야 해. 지금 시간이 없어.

능동형 문장이 항상 수동형으로 바뀔 수 있는 건 아닙니다. 그리고 글을 써내려 갈 때 능동을 써야 할 부분에서 기분 내키는 대로 수동을 쓸 수 있는 건 아닙니다. 글의 흐름을 잘 이어가기 위해서는 능동과 수동의 적절한 배치가 중요합니다.

---

**시제 변화**

has shown은 현재완료 시제입니다. has는 '~을 현재 가지고 있다', shown no evidence는 '아무 증거가 없음을 보여준 상태'이지요. 따라서 has shown no evidence는 '지금까지 아무 증거도 보여주지 못한 상태다'라고 이해합니다.

X-rays **show** no evidence.
엑스레이는 찍어봐야 아무런 증거가 나오지 않아.

X-rays **will show** no evidence.
엑스레이상으로는 아무런 증거도 나타나지 않을 겁니다.

X-rays **should have shown** some evidence.
엑스레이에 증거가 좀 나타났어야 했는데.

현재 시제의 해석이 매우 중요합니다. 'should have+과거분사(p.p.)'는 아쉬움을 담은 표현입니다.

---

**전치사구로 확장**

X-rays have shown no evidence **after all**.
결국 엑스레이는 그 어떤 증거도 보여주지 못했어.

X-rays have shown no evidence **against all expectations**.
모든 예상과는 달리 엑스레이는 아무런 증거도 보여주지 못했어.

---

**접속사절로 확장**

X-rays have shown no evidence **as I expected**.
내가 예상했던 대로 엑스레이에는 전혀 증거가 나타나지 않았어.

X-rays have shown no evidence, **so that we will get him out of the hospital**.
엑스레이상으로 아무런 증거도 나타나지 않았으므로 우리는 그를 퇴원시킬 겁니다.

016

# She handed him a half-empty bottle.

**그녀는 그에게 반쯤 빈 병을 건넸다.**

타동사 hand는 4형식 동사로 '~에게 …을 건네주다'라는 의미로 쓰이고 있습니다. 활용도가 높은 어휘인데 반해서 익숙해지기 쉽지 않은 동사이기 때문에 충분한 문장 연습이 필요합니다. half-empty는 '반이 빈 상태인'을 뜻합니다. 따라서 a half-empty bottle은 '반이 비어 있는 병'이 되지요.

**수 일치**

bottle은 셀 수 있는 명사입니다. 따라서 단수일 때는 그 앞에 반드시 a가 붙지요. 물론 bottle을 수식하는 형용사가 있으면 그 형용사의 시작 발음에 따라서 a나 an이 선택됩니다. half-empty 발음의 시작은 [h]이므로 a half-empty bottle이 됩니다.

She handed him **a half-empty bottle.**

그녀는 그에게 반쯤 빈 병을 건네 주었습니다.

She handed him **half-empty bottles.**

그녀는 그에게 반쯤 빈 병들을 건네 주었습니다.

They handed him **some half-empty bottles.**

그들이 그에게 반쯤 빈 병들을 몇 개 건네 줬어.

복수 명사의 앞에 some을 사용하면 '몇 개'라는 의미를 전합니다. 셀 수 없는 명사 앞에도 some을 넣어서 '어느 정도'라는 느낌을 전할 수 있습니다.

**태의 변환**

She handed him a half-empty bottle.은 능동태 문장입니다. '그녀'의 능동적인 행위이지요. '그녀'의 행위를 강조해서 말하고 싶을 때 사용합니다. 만일 물건을 건네 받은 '그의 상태'를 강조하고 싶다면 수동태 문장으로 바꾸어 줍니다.

## He **was handed** a half-empty bottle.

그는 반쯤 빈 병을 건네 받았습니다.

## They **were handed** half-empty bottles.

그들은 반쯤 빈 병들을 건네 받았다.

## Nobody **was handed** a half-empty bottle.

아무도 반쯤 빈 병을 건네 받지 않았다.

4형식은 어차피 목적어가 두 개이므로 직접목적어인 a half-empty bottle을 주어로 불러 수동태를 만들 수도 있습니다. 그렇게 되면 A half-empty bottle was handed to him.이 됩니다. 그냥 him으로만 처리되지 않고 to him이 되어야 합니다.

**시제 변화**

handed는 hand의 과거 및 과거분사형입니다. 문장의 뜻이 현재형과 어울리지 않는 듯하지만 상황에 따라서는 사용할 수도 있을 것 같아서 현재형 문장도 함께 익혀봅니다.

## She **hands** him a half-empty bottle.

그녀는 늘 그에게 반쯤 비어 있는 병을 건네 주거든.

## She **is going to hand** him half-empty bottles.

그녀는 분명 그에게 반쯤 빈 병들을 건네 줄 거야.

She **should have handed** him a half-empty bottle.
그녀는 그에게 반쯤 빈 병을 건네 줬어야 했어.

'should have+p.p.'는 과거의 사실을 원망하거나 후회하는 의미를 담습니다. 그래서 '~했어야 했는데'로 흔히 해석합니다.

---

**전치사구로 확장**

She handed him a half-empty bottle **on purpose**.
그녀는 일부러 그에게 반쯤 빈 병을 건네 준 거야.

She handed him a half-empty bottle **by chance**.
그녀는 우연히 그에게 반쯤 빈 병을 건네 주게 된 거였지.

---

**접속사절로 확장**

She handed him a half-empty bottle **because there was no other choice**.
그녀는 그에게 반쯤 빈 병을 건네 줬다. 다른 선택의 여지가 없었기 때문에.

She handed him a half-empty bottle **while he was giving a speech**.
그녀는 그가 연설하는 중에 그에게 반쯤 빈 병을 건네 줬다.

017

# History books kept her occupied for hours.

**역사책들을 읽느라고 그녀는 몇 시간 동안 계속 바빴다.**

타동사 keep이 5형식 동사로 사용되고 있습니다. '목적어가 어떤 상태를 유지하게 만들다'라는 의미입니다. occupied는 '뭔가를 하느라 매우 바쁜 상태에 있는'이라는 의미를 갖습니다. 따라서 kept her occupied는 '그녀를 바쁜 상태로 유지시켰다'라는 뜻이 됩니다. for hours는 '몇 시간 동안'이라는 뜻입니다. 전치사 for에 '일정한 시간 동안'의 뜻이 포함되어 있습니다.

**수 일치**

이 문장의 주어는 history books로 복수입니다. 그리고 시제는 과거이지요. 따라서 주어의 수가 동사의 형태에는 전혀 영향을 주지 않습니다. 주어가 단수인지 복수인지에 대한 감각은 본능적으로 자리 잡을 수 있도록 많은 문장을 접할 필요가 있습니다.

History books **kept** her occupied for hours.

역사책들을 읽느라고 그녀는 몇 시간 동안 계속 바빴다.

The problem **kept** her occupied for hours.

그 문제 해결을 위해서 그녀는 몇 시간 동안 바빴다.

What **kept** her occupied for hours?

무슨 일을 하느라 그녀가 몇 시간 동안 그렇게 바빴던 거야?

occupied를 단순히 '바쁘게 뭔가를 하고 있는 상태인'으로만 처리하면 부자연스러운 해석이 많아집니다. 중심 개념에서 벗어나지 않은 상태에서의 의역이 중요합니다.

---

**태의 변환**

History books kept her occupied for hours.는 능동태 문장입니다. '그녀의 상태'를 유도하는 주어 history books를 중요하게 설명하고 있는 문장이지요. 만일 '그녀의 상태'를 강조하고 싶으면 She를 주어로 내보내 수동태 문장을 사용해야 합니다.

## She **was kept** occupied by history books for hours.

그녀는 몇 시간 동안 역사책들을 읽는 데 몰두했어.

## They **were kept** busy by the project for hours.

그들은 그 프로젝트 때문에 몇 시간 동안 계속 바빴다.

## What **was** she **kept** occupied by for hours?

그녀는 몇 시간 동안 무슨 일 때문에 계속 바빴던 거야?

능동태보다는 수동태로 쓰일 확률이 훨씬 높은 문장들입니다. 특히 무생물 주어가 있는 능동태 문장들이 수동태로 변환되면 글에 활력을 높여 주기 때문에 그렇습니다.

---

**시제 변화**

keep의 과거형인 kept가 쓰인 문장입니다. History books가 주어라면 현재 시제를 이용해도 아주 좋습니다. 하지만 The problem이 주어라면 현재 시제 문장의 의미에 어울리지 않기 때문에 활용이 가능하지 않습니다. 현재 시제는 버릇, 습관 등에 활용됩니다.

## History books **keep** her occupied for hours.

역사책이라면 그녀는 몇 시간 동안이라도 푹 빠져 있어. 항상 그래, 항상.

History books **have kept** her occupied for hours.
역사책을 읽느라 그녀는 몇 시간 동안 몰두했어. (그래서 지금 피곤해 보이는 거야.)

History books **will keep** her occupied for hours.
역사책이라면 그녀는 몇 시간 동안 붙들고 놓지 않을 거야.

현재완료 시제는 과거의 일(kept her occupied for hours)이 현재(have)에 영향을 주고 있음을 의미합니다. '그래서 지금 피곤해 보이는 거야'를 추가로 넣어 이해하는 이유입니다.

---

**전치사구로 확장**

History books kept her occupied for hours **at home**.
역사책을 읽느라 그녀는 집에서 몇 시간 동안을 꼼짝하지 않았어.

She was kept occupied by history books for hours **without eating anything**.
그녀는 몇 시간 동안 아무것도 먹지 않고 역사책 읽는 일에 푹 빠져 있었어.

---

**접속사절로 확장**

History books kept her occupied for hours **when she was alone**.
그녀는 혼자 있을 때 역사책을 읽느라 몇 시간 동안 꼼짝하지 않았어.

History books kept her occupied for hours **so that she became late for the appointment**.
역사책을 읽느라 그녀는 몇 시간 동안 빠져 있어서 결국 약속 시간에 늦고 말았지.

018

# Her coat kept her well-toned body hidden.

**그녀의 코트가 근육질의 탄탄한 몸을 계속 가리고 있었다.**

다시 keep이 중심이 된 문장입니다. well-toned는 '근육이 잘 발달된'이라는 의미라서 well-toned body는 '근육질의 몸'이라는 뜻입니다. hidden은 동사 hide의 과거분사이며 '숨겨진 상태에 있는'을 뜻합니다. 따라서 keep her well-toned body hidden은 '근육이 잘 발달된 그녀의 몸을 계속 보이지 않는 상태로 유지시키다'가 속뜻입니다.

**수 일치**

단수 명사 앞에 쓰이는 부정관사는 명사나 대명사의 소유격으로 대치될 수 있다는 것도 기억해야 합니다. 부정관사와 소유격은 동시에 사용될 수 없습니다. her coat나 a coat, her body나 a body는 있어도, a her coat, her a coat, a her body, her a body 같은 말들은 존재하지 않습니다.

**Her coat** kept **her** well-toned **body** hidden.

그녀의 코트가 그녀의 근육질 몸매를 가리고 있었다.

**Their coats** kept **their** well-toned **bodies** hidden.

그들이 입고 있는 코트가 그들의 근육질 몸매를 가렸다.

**The coat** kept **a** well-toned **body** hidden.

코트가 근육이 잘 발달된 몸을 계속 가리고 있었다.

글에서 수의 일치가 제대로 이루어지지 않으면 글의 신뢰도가 현저히 떨어집니다. 그리고 그 글을 쓴 사람에 대한 믿음 역시 추락하지요. 사소한 듯한 수의 일치가 글이나 사람에 대한 인상을 좌우합니다.

---

**태의 변환**

Her coat kept her well-toned body hidden.은 능동태 문장입니다. 코트의 능동적인 역할을 말하지요. 감춰진 몸매의 상태를 말하고 싶다면 수동태를 이용합니다.

Her well-toned body **was kept** hidden by her coat.
그녀의 근육이 잘 발달된 몸매가 그녀가 입고 있는 코트 때문에 가려진 상태였다.

The money **was kept** hidden under the bed.
그 돈은 침대 아래에 숨겨져 있었어.

The paperwork **was kept** hidden in the box.
그 서류는 그 상자 안에 잘 숨겨져 있었어.

능동태와 수동태는 서로 형태 바꾸기 연습이 아니라 어디에 중점을 두어서 말하고 표현하느냐를 익히는 연습입니다. 태에 대한 오해는 영어에 대한 오해를 낳습니다.

---

**시제 변화**

동사 keep의 3단 변화는 keep-kept-kept로 불규칙 변화입니다. 정확한 철자와 발음을 기억하고 있어야 합니다.

Her coat **keeps** her well-toned body hidden.
그녀의 코트가 늘 그녀의 근육질 몸매를 다 가리고 있어.

Her coat **has kept** her well-toned body hidden.
그녀의 코트가 그녀의 근육질 몸매를 가려왔어서 우리가 지금까지 그녀의 몸매를 모르고 있었던 거야.

Her coat **won't keep** her well-toned body hidden.
아무리 코트를 입고 있어도 그녀의 잘 발달된 근육질 몸매를 계속 가리지는 못할 거야.

동사에 따라서, 문장의 형식에 따라서 적절한 우리말 해석을 찾기가 힘든 경우가 있습니다. 영어 학습에 절대적으로 수반되는 능력은 바로 우리말 구사 능력입니다.

---

**전치사구로 확장**

Her coat kept her well-toned body hidden **regardless of her intentions**.
그녀의 코트가 그녀의 근육질 몸매를 계속 가렸다. 그녀의 의도와는 전혀 상관없이.

Her coat kept her well-toned body hidden **according to her intentions**.
그녀의 코트는 그녀의 근육질 몸매를 계속 가렸다. 그녀가 의도한 바였다.

---

**접속사절로 확장**

Her coat kept her well-toned body hidden, **so that nobody could imagine how beautiful her body was**.
그녀의 코트가 그녀의 근육질 몸매를 계속 가리고 있어서 아무도 그녀의 몸이 얼마나 아름다운지 상상할 수 없었다.

Her coat kept her well-toned body hidden, **since she insisted on keeping her coat on**.
그녀의 코트는 그녀의 근육질 몸매를 계속 가리고 있었다. 그녀가 코트를 계속 입고 있겠다고 고집해서.

19 Her words irritated me.
20 Details of it do not interest me.
21 The photo amazed me.
22 I sensed an unusual nervousness in her tone.
23 You should air this room out.
24 I applied a small bandage to his forearm.
25 He switched the call to speaker.
26 They adopted her after he died.
27 He protects her.
28 She accompanied him to the benefit.
29 He encouraged her to stick with it.
30 He harassed her with unwanted sexual advances.
31 Overwhelming guilt gripped me.
32 Guilt overwhelmed me.
33 Your letter has confused me.
34 She sacked him.
35 He adjudged it to be inoperable.

# Her words irritated me.

**그녀의 말이 나를 짜증 나게 했어.**

타동사 irritate는 '~을 짜증 나게 하다'라는 뜻의 3형식 동사입니다. irritate me는 '나를 짜증 나게 하다'라는 의미이지요. word에는 '단어' 이외에 '말'이라는 뜻이 포함됩니다. '말'은 보통 한마디로 끝나지 않지요. 그래서 일반적으로 복수형인 words라고 씁니다. Her words는 '그녀의 말들'이 아니라 '그녀의 말'입니다.

**수 일치**

her words는 복수형입니다. 하지만 일반 동사의 과거 시제가 나올 때 주어의 수 변화는 과거 시제 동사의 형태에 아무런 변화를 일으키지 못합니다. 주어가 단수이든 복수이든 일반 동사의 과거 시제는 똑같은 형태를 유지합니다.

## Her words **irritated** me.

그녀의 말이 나를 짜증 나게 했어.

## It **irritated** me.

그것 때문에 내가 얼마나 짜증 났는데.

## What she said **irritated** me.

그녀가 한 말 정말 짜증이었어.

What she said는 '그녀가 말한 것'입니다. The thing that she said이지요. 전체가 '주어구'가 되며 3인칭 단수로 취급합니다.

**태의 변환**

Her words irritated me.는 능동태 3형식 문장입니다. 주어인 Her words의 의미가 강조된 문장이지요. 나를 짜증 나게 한 건 바로 '그녀의 말'이었던 겁니다. 만일 그녀의 말이 아니라 '내가 짜증 났다는 사실'을 강조하고 싶으면 수동태 문장으로 바꿔서 말하게 됩니다. 능동태에서 수동태로 바뀔 때 시제의 변화는 없습니다.

## I **was irritated**.

나 짜증 났잖아.

## I **got irritated**.

얼마나 짜증 나던지.

## I **was irritated** by her words.

나 그녀의 말 때문에 짜증 났던 거 아니?

## I **was irritated** by what she said.

나 완전 짜증 났어. 그녀가 한 말 때문에 말이지.

능동태 문장과 수동태 문장의 의미는 다릅니다. 문장 의미의 강조 지점이 다르기 때문입니다. 같은 수동이라도 was irritated에서는 '상태'가, got irritated에서는 '동작'이 느껴집니다.

**시제 변화**

irritated의 시제는 '과거'입니다. 원형은 irritate이지요. 현재 시제일 때 주어의 수에 따른 형태 변화는 규칙 변화입니다. 주어가 3인칭 단수라면 irritates이지요. 과거분사 형태는 irritated입니다.

## Her words **irritate** me.

그녀의 말은 평소에 나를 짜증 나게 하는 거 있지.

Her words **have irritated** me.

그녀의 말이 나를 완전 짜증 나게 해서 내가 이러는 거야.

Her words **will irritate** you.

그녀의 말이 분명 너를 짜증 나게 할 거야.

과거와 현재완료의 해석 차이는 분명합니다. 과거는 현재와 단절된 의미이며, 현재완료는 과거에 있었던 일이 현재에 영향을 주는 의미를 갖습니다. 이 부분의 정확한 의역이 필요합니다. 조동사 will은 '확실한 미래'의 의미를 전달하고 있습니다. 조동사 뒤에는 동사원형이 옵니다.

---

**전치사구로 확장**

Her words irritated me **during the conference**.

그녀의 말이 저를 짜증 나게 했습니다. 회의 중에 말이죠.

Her words irritated me **without any reason**.

그녀의 말이 아무런 까닭 없이 나를 짜증 나게 했어.

---

**접속사절로 확장**

Her words irritated me **because they were exaggerated**.

그녀의 말이 나를 짜증 나게 했어. 너무 과장됐기 때문이야.

Her words irritated me **when she said something outrageous**.

그녀의 말이 나를 정말 짜증 나게 했어. 터무니없는 말을 하잖아.

020

# Details of it do not interest me.

**그것에 대해 자세하게 설명해 봐야 난 관심 없어.**

타동사 interest는 '~의 관심을 불러일으키다'라는 의미를 전합니다. 따라서 interest me는 '나의 관심을 불러일으키다'로 이해하지요. 동사 interest에서 파생된 분사형 형용사들인 interesting과 interested만 관심을 받아왔기 때문에 동사가 생소하게 느껴질 수 있습니다. 그러나 매우 활용도가 높은 동사입니다. details of it은 '그것에 대한 자세한 설명'입니다.

**수 일치**

details는 복수형입니다. 단수형은 detail이지요. '자세한 사항'입니다. 말을 하는 도중에는 여러 가지 자세한 사항들을 말하게 되기 때문에 일반적으로 복수형 details를 이용합니다. 따라서 동사 interest의 부정은 does not이 아닌 do not을 씁니다.

## **Details of it do** not interest me.

그것에 대한 자세한 설명이 내 관심을 불러일으키진 않아.

## **The explanation does** not interest me.

그렇게 설명해 봐야 난 관심 없어.

## **Your advice does** not interest me.

네 충고가 내겐 별로 흥미롭지 않은걸.

수의 일치는 반사적으로 이루어져야 합니다. 말을 할 때나 글을 쓸 때나 말이죠. 억지로 되는 일은 아닙니다. 좋은 문장들을 끊임없이, 많이 접하다 보면 자연스럽게 가능해집니다.

**태의 변환**

Details of it do not interest me.는 능동태 문장입니다. 상대가 내 앞에서 뭔가 장황하게 설명하고 있는 바로 그 상태를 강조하면서 details of it을 주어로 등장시킨 것입니다. 그 말에 관심 없는 '나'를 강조하고 싶으면 수동태 문장으로 바꾸어 줍니다.

## I'm not **interested** in details of it.

난 그것에 대한 자세한 설명에 관심 없어.

## I'm not **interested** in anything you say.

나는 네가 말하는 그 어느 것에도 관심 없어.

## I'm not **interested** in what you do.

나는 네가 무슨 일을 하든지 그런 거에는 관심 없어.

능동태가 수동태로 바뀔 때 능동태의 주어 앞에 무조건 by가 등장하지는 않습니다. 능동태에 쓰인 동사의 의미에 따라서 전치사가 결정됩니다.

**시제 변화**

동사 interest의 현재 시제가 쓰였습니다. 그래서 부정문이 될 때 do not이 된 것입니다. 만일 과거 시제였다면 did not interest가 되겠죠. 현재 시제는 뭔가 '늘 변함없이 일어나는 일'을 말할 때 사용합니다. 따라서 주요 표현은 '나는 언제나 그렇듯이 네가 하는 장황한 설명에는 전혀 관심이 없어.' 정도의 속뜻을 담고 있습니다.

## Details of it **did** not **interest** me.

그것에 대한 자세한 설명이 나는 관심 없었어.

## Details of it **have** not **interested** me.

그것에 대한 자세한 설명이 내겐 전혀 관심을 끌지 못했어. 지금도 여전히.

## Details of it **will** not **interest** me.

그것에 대해 자세히 설명해 봐야 난 관심 없을 거야.

시제에 대한 정확한 이해는 문장의 정확한 이해와 해석으로 이어집니다.

---

**전치사구로 확장**

## Details of it do not interest me **against your will.**

그걸 자세히 설명해 봐야 난 관심 없어. 네 의지와는 달리 말이야.

## Details of it do not interest me **at all.**

그걸 자세히 설명해 봐야 난 전혀 관심 없어.

---

**접속사절로 확장**

## Details of it do not interest me **even if you try hard.**

그걸 상세히 설명해도 난 관심 없어. 네가 아무리 애를 써도.

## Details of it do not interest me **because I'm sick of excuses.**

그런 거 자세히 설명해 봐야 난 관심 없어. 난 변명은 이제 완전히 질렸거든.

021

# The photo amazed me.

**그 사진은 나를 놀라게 만들었다.**

타동사 amaze는 '~을 놀라게 하다'라는 의미를 갖습니다. 여기에서 파생된 형용사가 바로 '놀라운'이라는 의미를 지닌 amazing입니다. photo는 '사진'이며 정확한 발음은 [foutou]입니다. 모음이 [오]가 아니라 [오우]인 겁니다. 본인이 정확히 발음할 수 있어야 원어민의 발음을 듣고 정확히 이해할 수 있습니다.

**수 일치**

명사 photo의 복수형은 photos입니다. 복수형이 혼동될 수 있는 어휘들이 많이 있습니다. 그런 것들을 별도로 외우는 것보다는 문장에 쓰일 때마다 그 문장의 이해를 통해서 기억하는 것이 좋습니다.

The **photo** amazed me.

그 사진이 나를 놀라게 만들었지.

The **photos** amazed a lot of people.

그 사진들은 많은 사람들을 놀라게 만들었어.

Her cell phone **photos** amazed me.

그녀가 휴대전화로 찍은 사진들이 정말 놀랍더군.

우리말을 영어로 바꾸려는 시도가 아니라 우리말에 맞는 영어 표현을 찾아내는 시도가 필요합니다. '휴대전화로 찍은 사진들', 또는 '휴대전화에 담긴 사진들'은 cell phone photos로 간단히 표현합니다.

**태의 변환**

The photo amazed me.는 능동태 문장입니다. 주어인 photo를 강조한 문장이지요. 만일 사진을 본 후의 내가 받은 느낌을 강조하고 싶다면 수동태 문장을 이용해서 표현합니다.

I **was amazed** by the photo.

나는 그 사진을 보고 놀랐어.

People **were amazed** by the photos.

사람들은 그 사진들을 보고 놀랐습니다.

Nobody **was amazed** by the photo.

아무도 그 사진을 보고 놀라지 않았다.

수동태에는 be동사가 쓰입니다. be동사는 '주어의 단정적인 상태'를 말합니다. 다시 말하면 수동태는 '주어가 당하는 태'가 아니라 '주어가 놓인 분명한 상태를 말하는 태'인 것입니다.

**시제 변화**

amaze의 과거형은 amazed입니다. 규칙 변화에 해당되는 동사입니다. 현재분사형은 amazing입니다.

The photo **amazes** me.

그 사진을 보면 나는 항상 놀랍기만 해.

The photo **will amaze** you.

그 사진이 너를 놀라게 할 거야.

The photo **must have amazed** them.

그 사진이 그들을 놀라게 한 게 분명해.

'must have p.p.'의 형태는 '과거에 ~이었음이 틀림없다'는 의미를 전합니다. must는 '강한 추측'의 의미를 담고 있습니다. 현재완료는 과거의 일이 현재까지 이어지고 있음을 말합니다. 그래서 '과거의 일에 대한 강한 추측'을 의미하는 것입니다.

---

**전치사구로 확장**

The photo amazed me **beyond imagination**.

그 사진은 상상 이상으로 나를 놀라게 했다.

The photo amazed me **to my surprise**.

놀랍게도 그 사진이 나를 정말 놀라게 했다.

---

**접속사절로 확장**

**As you know,** the photo amazed me.

너도 잘 알고 있듯이, 그 사진이 나를 정말 놀라게 했어.

The photo amazed me**, so I did a double take**.

그 사진이 나를 너무 놀라게 해서 잠시 후에 다시 한 번 봤다.

# I sensed an unusual nervousness in her tone.

**나는 그녀의 말투에서 흔치 않은 긴장감을 감지했어.**

타동사 sense는 '~을 감지하다'라는 뜻입니다. 말을 들어서 아는 게 아니라 그 사람의 표정이나 목소리를 통해서, 또는 대화의 분위기를 통해서 뭔가를 느껴 알게 된다는 뜻이지요. unusual은 '드문', '특이한' 등을 뜻하며, nervousness는 '긴장감'을 뜻합니다. tone은 어떤 사람의 '말투'를 의미합니다.

**수 일치**

주어와의 수 일치는 과거 시제이기 때문에 의미 없습니다. 하지만 뒤에 나오는 명사 nervousness는 신경 써서 봐야 합니다. 추상명사입니다. 따라서 부정관사(a)가 붙지 않습니다. 그런데 '긴장감'을 여러 형태로 나누게 되면 추상명사 앞에 형용사가 붙으면서 일반 명사화됩니다. 그럴 때는 관사가 붙지요. an unusual nervousness는 여러 형태의 긴장감 중에서 '흔치 않은 긴장감'입니다. 추상명사의 일반 명사화, 주의하세요.

## I **sensed an unusual nervousness** in her tone.

(평소에는 그럴 사람이 아닌데) 나는 그녀의 말투에서 흔치 않은 긴장감을 감지했어.

## I **sensed nervousness** in her tone.

나는 그녀의 말투에서 긴장감을 느꼈어.

## Did you **sense an unusual nervousness** in her tone?

너 그녀의 말투에서 특이한 긴장감 같은 거 느꼈어?

이야기 구성이 아닌 한 문장 작문은 내가 억지로 만들어 내는 것이 아니라 원어민이 쓰는 대로 따라서 하는 겁니다. 그들이 쓰는 문장을 통해서 문법과 어휘 선택을 배우게 되는 것이지요. 따라서 정해진 문장 연습이 대단히 중요합니다.

---

**태의 변환**

I sensed an unusual nervousness in her tone.은 능동태 문장입니다. '나' 중심의 말이지요. '긴장감'을 강조하고 싶으면 수동태 문장을 사용해야 합니다.

## An unusual nervousness **was sensed** in her tone.

흔치 않은 긴장감이 그녀의 말투에서 감지됐어.

## Nervousness **was** not **sensed** in her tone at all.

긴장감은 그녀의 말투에서 전혀 찾아볼 수가 없었어.

## His anxiety **was sensed** when he was making excuses.

그가 변명할 때 불안함이 감지됐어.

문장 하나만 놓고 볼 때는 능동태와 수동태, 어느 쪽도 가능하지만 하나의 단락 안에서는 그 단락의 흐름에 따라 둘 중 하나를 정확히 선택해서 표현해야 합니다.

---

**시제 변화**

sensed는 sense의 과거형입니다. 주요 표현은 unusual로 인해서 의미상 현재형이 전혀 어울리지 않습니다. 시제가 어울리지 않는 문장은 굳이 연습할 필요 없습니다.

## I **sense** nervousness in her tone.

나는 평소에 그녀의 말투에서 그녀가 긴장하고 있다는 게 느껴져.

**I've sensed** an unusual nervousness in her tone.

그녀의 말투에서 평소와는 다른 긴장감이 느껴졌어. (그래서 좀 걱정이 되기는 해.)

You **may sense** nervousness in her tone.

그녀의 말투에서 긴장감이 느껴질지도 몰라.

조동사 may는 '미래에 일어날 가능성'을 말합니다. 가능성의 정도가 높지는 않지만 얼마든지 그럴 가능성이 있음을 말하지요. 가능성의 정도는 must > can > may 순입니다.

---

**전치사구로 확장**

I sensed an unusual nervousness in her tone **in the meeting**.

그 회의 중에 나는 그녀의 말투에서 평소와는 다른 긴장감을 감지했어.

I sensed an unusual nervousness in her tone **for a while**.

잠시 나는 그녀의 말투에서 평소와는 다른 긴장감을 감지했어.

---

**접속사절로 확장**

I sensed an unusual nervousness in her tone **when she was giving a presentation**.

그녀가 발표를 하는 중에 나는 그녀의 말투에서 평소와는 다른 긴장감을 감지했어.

I sensed an unusual nervousness in her tone **when she was giving an address in front of them**.

그녀가 그들 앞에서 연설하고 있을 때 나는 그녀의 말투에서 평소와는 다른 긴장감을 감지했어.

023

# You should air this room out.

**너 이 방 환기 좀 시켜야겠다.**

타동사 air는 3형식 동사로 '~을 환기시키다'라는 의미를 전합니다. 미국에서는 흔히 air something out의 형태를 사용하지요. air가 동사로 사용되는 것을 주목해서 기억해야 합니다. 조동사 should는 '강력한 권유'에 해당됩니다. 뭔가 옳은 것을 권유하는 것입니다. 그렇기 때문에 상대가 꼭 그렇게 해주기를 원하는 '기대감'도 함께 포함됩니다.

**수 일치**

셀 수 있는 단수 명사 앞에 관사를 넣는 것이 일반적인데 그 대신 인칭대명사의 소유격, 또는 지시형용사인 this나 that을 넣을 수도 있습니다. this room은 '이 방', that room은 '저 방'이 됩니다. 복수일 때는 these rooms, those rooms 등으로 쓰이게 되지요.

You should air **this room** out.

너 이 방 환기 좀 시켜야겠다.

You should air **these rooms** out.

너 이 방들 좀 환기시켜야겠다.

Why don't you air **those rooms** out?

저 방들 좀 환기시키는 게 어떠니?

this room에서 these rooms로의 전환이 보기에는 턱없이 쉬워 보이지만 실제로 글로 쓰든지 말을 할 때는 사전에 충분한 연습이 없으면 자연스럽게 이루어지지 않습니다. 어느 것 하나 우습게 보지 않고 최선을 다하는 습관이 중요합니다.

**태의 변환**

You should air this room out.은 능동태 문장입니다. 당신이 해야 할 행동을 강조하는 문장이지요. 하지만 '이 방'을 중심으로 '이 방'이 놓여 있어야 할 상태를 강조하고 싶다면 수동태를 사용해야 합니다.

## This room should **be aired** out.

이 방 환기해야 해.

## These rooms must **be aired** out.

이 방들은 진짜 환기시켜야 해.

## These rooms are to **be aired** out.

이 방들은 환기시킬 거야.

조동사 must는 의무와 규칙을 의미합니다. '반드시 ~을 해야 하다'라는 강력한 의미를 전하지요. 가장 강력한 의무에 해당됩니다. to부정사는 미래의 의미를 갖습니다. 그래서 be to be aired out은 '앞으로 환기될 것이다'가 직역이고 '앞으로 환기시킬 것이다'로 흔히 의역합니다.

**시제 변화**

조동사 should는 의미상 '미래'를 포함합니다. '앞으로 그렇게 해야 된다'는 의미이지요. 그게 바람직하고 그래야 좋다는 뜻입니다. 지금은 아니더라도 미래에는 그렇게 되어 주기를 바라는 겁니다. 주요 표현은 시제를 바꿀 경우 주어의 변화가 필요합니다.

## She **airs** this room out.

그녀는 평소에 이 방을 늘 환기시켜 놓지.

## I **will air** this room out.

내가 이 방을 환기시키도록 할게.

**I've been airing** this room out.

지금까지 계속 이 방을 환기시키고 있는 중이야.

'have been -ing' 형태는 현재완료 진행으로서 과거에 시작된 일이 지금도 완료되지 않고 계속 진행되고 있음을 말합니다.

---

**전치사구로 확장**

You should air this room out **as soon as possible.**

너 가능한 한 빨리 이 방을 좀 환기시켜야겠다.

You should air this room out **without hesitation**.

주저하지 말고 이 방을 환기시켜야 해. (주저할 게 뭐 있어.)

---

**접속사절로 확장**

You should air this room out **before they arrive**.

그들이 도착하기 전에 이 방 환기 좀 시켜야겠다.

You should air this room out **even though it takes forever.**

너 이 방 환기시켜야 해. 아무리 시간이 오래 걸려도 말이지.

## 024

# I applied a small bandage to his forearm.

**내가 그의 팔뚝에 작은 붕대를 감아 줬지.**

타동사 apply는 '~을 바르다', '~을 두르다', '~을 적용하다' 등의 뜻을 지닌 3형식 동사입니다. 자동사인 '신청하다'에서 벗어난 의미가 훨씬 활용도가 높습니다. bandage는 '붕대'를 뜻하지요. 결국 apply a bandage는 '붕대를 감다'라는 뜻이 됩니다. 그 위치를 전치사 to의 도움으로 설명하게 되지요. forearm은 '팔뚝'입니다. 결국 apply a bandage to는 '~에 붕대를 감다'라는 의미로 쓰입니다.

**수 일치**

어차피 동사 applied는 과거 시제라서 수 일치에서는 벗어납니다. 그러나 뒤에 이어지는 명사 bandage는 셀 수 있는 명사이기 때문에 수 일치에 정확히 저촉됩니다. 붕대가 하나일 때는 반드시 부정관사 a가 붙습니다. 복수일 때는 bandages가 되지요.

I applied **a small bandage** to his forearm.

나는 작은 붕대를 그의 팔뚝에 감아 줬다.

I applied **small bandages** to their forearms.

나는 그들의 팔뚝에 작은 붕대를 감아 줬어.

Why did you apply **a bandage** to your leg?

너 다리에 왜 붕대를 맨 거야?

apply a bandage를 하나의 숙어인 것처럼 기억해 두면 활용하기 편합니다. 단어의 활용은 우리가 억지로 만드는 게 아니라 원래 존재하는 구(句)나 표현들을 잘 기억해 둠으로써 가능해지는 겁니다.

**태의 변환**

I applied a small bandage to his forearm.은 나의 행위를 강조한 능동태 문장입니다. '작은 붕대'를 강조해서 말하고 싶으면 수동태 문장을 씁니다.

## A small bandage **was applied** to his forearm.

작은 붕대가 그의 팔뚝에 감겨져 있었다.

## I saw a small bandage **applied** to his forearm.

나는 작은 붕대가 그의 팔뚝에 감겨져 있는 걸 봤어.

## Why **was** a small bandage **applied** to his forearm?

그의 팔뚝에 작은 붕대가 감겨져 있었던 이유가 뭐야?

능동과 수동의 선택은 사용하는 사람의 기분에 따라 이루어지는 게 아닙니다. 무엇을 강조해서 말하고 싶은가에 따라 그리고 글의 일관성을 유지하는 차원에서 태의 선택이 정확히 이루어져야 합니다.

---

**시제 변화**

apply의 과거형은 applied입니다. 시제는 문장의 의미에 따라서 대단히 제한적일 수 있습니다. 과거가 어울리는 문장이 있고 현재 시제가 무난한 문장, 그리고 미래 시제에서 의미상 더욱 탄력을 받는 문장도 있습니다. 지금 주요 표현에 현재 시제가 적용되면 너무 특수한 상황 속 의미가 되어버립니다. "그의 팔뚝에 작은 붕대를 감아주는 건 내 담당이야." 또는 "평소에 내가 그의 팔뚝에 작은 붕대를 감아주지."가 됩니다. 그래서 예문에서는 제외했습니다.

## Who**'ll apply** a small bandage to his forearm?

누가 그의 팔뚝에 작은 붕대를 감아 줄래?

## I **should apply** a small bandage to his forearm.

내가 그의 팔뚝에 작은 붕대를 하나 감아 줘야 해.

**I've applied** a small bandage to his forearm.

내가 그의 팔뚝에 작은 붕대를 감아 줬어.

과거와 현재완료의 개념을 정확히 구분해야 합니다. 현재완료에서는 동사 have의 역할이 결정적입니다. have는 '지금까지도 가지고 있다'는 의미입니다. 언제 있었던 일인지가 중요하지 않고 '지금까지도 유효한 것'이 중요합니다. 하지만 과거 시제는 '과거의 언제'가 중요합니다.

---

**전치사구로 확장**

I applied a small bandage to his forearm **before lunch**.

내가 점심 전에 그의 팔뚝에 작은 붕대를 감아 줬어.

I applied a small bandage to his forearm **by his demand**.

난 그가 부탁해서 그의 팔뚝에 작은 붕대를 감아 준 건데.

---

**접속사절로 확장**

I applied a small bandage to his forearm **that was wounded**.

나는 부상을 입은 그의 팔뚝에 작은 붕대를 감아 줬어.

I applied a small bandage to his forearm, **though I'd never done that before**.

나는 그의 팔뚝에 작은 붕대를 감아 줬어. 전에 그런 걸 해본 적은 없었지만.

025

# He switched the call to speaker.

**그는 그 전화를 스피커폰으로 돌렸다.**

타동사 switch는 '~을 바꾸다', '~을 전환하다' 등의 뜻을 지닌 3형식 동사입니다. switch A to B의 형태로 쓰여서 'A를 B로 전환하다'라는 의미를 전하지요. 따라서 switch the call to speaker라고 하면 '걸려온 전화를 스피커폰으로 돌려서 통화하다'로 이해합니다. 옆에 있는 사람들이 다 같이 들을 수 있도록 전환시킨 것입니다.

**수 일치**

이 문장에는 두 개의 명사가 나옵니다. call과 speaker입니다. 그런데 call에는 정관사가 붙었고 speaker에는 관사를 사용하지 않았습니다. 정관사는 명사의 범위를 한정합니다. 따라서 the call은 '바로 그 전화'를 뜻하지요. 관사가 쓰이지 않은 명사는 그 명사 자체를 의미합니다. speaker, 또는 speakerphone은 이 문장에서 특정한 '스피커폰'이 아니라 '스피커폰' 자체를 뜻합니다. 그럴 때는 관사를 이용하지 않습니다. 물론 상황에 따라서는 the speaker라고 말할 수 있습니다. 예를 들어, "스피커폰으로 전화하면 되잖아."라고 말할 때는 You can use the speaker/speakerphone.이라고 말하게 됩니다. speaker를 동사의 목적어로 쓸 때는 매우 한정적인 의미가 되며, 전치사의 목적어로 쓸 때는 '스피커 자체'를 의미하는 게 일반적인 현상입니다.

He switched **the call** to **speaker**.

그는 그 전화를 스피커폰으로 바꿔서 받았다.

He switched **calls** to **speaker**.

그는 과거에 늘 전화를 스피커폰으로 돌려 받았어.

## He used to switch **calls** to **speaker**.

그는 거의 항상 전화를 스피커폰으로 돌려 받았었지.

'모든 전화'를 calls로 표현하며, '변하지 않는 과거의 습관'을 말할 때는 과거 시제로 처리합니다. 그런가 하면 과거를 생각하면서 '일정한 시기에 계속 진행되었던 습관이나 일'을 말할 때는 used to를 이용합니다.

---

**태의 변환**

He switched the call to speaker.는 능동태 문장입니다. '그의 행위'를 강조한 것이지요. '걸려온 전화의 상태'를 강조하고 싶으면 수동태를 이용합니다.

## The call **was switched** to speaker.

그 전화는 스피커폰으로 전환되었다.

## Don't let the call **switched** to speaker.

그 전화 스피커폰으로 전환되지 않도록 해.

## The call shouldn't **be switched** to speaker.

그 전화 스피커폰으로 전환되어서 모두 다 듣게 하면 안 돼.

"그 전화 스피커폰으로 돌려서 받지 마."를 말할 때 우리는 무조건 Don't switch the call to speaker.라고만 말하게 됩니다. 하지만 그것이 매우 중요한 전화라서 남들이 들으면 안 된다는 느낌을 전할 때는 여러 말 할 필요 없이 the call을 주어로 사용하면 됩니다. 이렇게 상황에 따라서 수동태와 능동태의 전환이 자유로워져야 합니다.

---

**시제 일치**

switch의 과거형은 switched입니다. 과거형에 익숙해지기는 생각보다 쉽지 않습니다. 많은 연습이 필요합니다.

He **switches** the call to speaker.
그는 그 전화는 늘 스피커폰으로 받는다. (남들도 다 들으라고.)

He**'s going to switch** the call to speaker.
그는 분명히 그 전화를 스피커폰으로 돌려 받을 거야.

He **would switch** the call to speaker.
(과거의 전력을 볼 때) 그는 그 전화를 분명히 스피커폰으로 돌려 받을 거야.

현재 시제, be going to, would 등의 개념을 정확히 이해하고 있어야 합니다.

---

**전치사구로 확장**

He switched the call to speaker **just in case**.
만약의 경우에 대비해서 그는 그 전화를 스피커폰으로 전환했다.

He switched the call to speaker **by mistake**.
그는 실수로 그 전화를 스피커폰으로 돌려 받았다.

---

**접속사절로 확장**

He switched the call to speaker **when she entered the room**.
그는 그녀가 방으로 들어왔을 때 그 전화를 스피커폰으로 돌렸다.

He switched the call to speaker **even before I asked him to**.
그는 내가 부탁하기도 전에 그 전화를 스피커폰으로 돌렸다.

026

# They adopted her after he died.

**그들은 그가 죽은 후에 그녀를 입양했다.**

타동사 adopt는 대표적으로 '~을 입양하다', 또는 '~을 채택하다'라는 의미를 갖습니다. 이 표현에서는 그중 '~을 입양하다'의 뜻으로 쓰이고 있습니다. 명사는 adoption이지요. 우리의 대화 중에는 '입양'이 흔히 나오지 않는 단어이지만 미국에서는 adopt나 adoption의 사용 빈도가 대단히 높기 때문에 반드시 기억해 두어야 합니다.

**수 일치**

시제가 과거이고 일반 명사가 쓰인 문장이 아니기 때문에 수나 수의 일치에 적용될 부분이 없습니다. 하지만 인칭대명사의 목적격은 정확히 알아 두어야 합니다. 그중 복수에 해당되는 they의 목적격은 them입니다. '너희들'을 뜻하는 you의 목적격은 그대로 you이지요. he의 목적격은 him, we는 us입니다.

They **adopted her** after he died.

그들은 그가 죽은 후에 그녀를 입양했다.

They **adopted them** after he died.

그들은 그가 죽은 후에 그들을 입양했다.

They **adopted his children** after he died.

그들은 그가 죽은 후에 그의 아이들을 입양했다.

They adopted them.에서 they와 them은 서로 다른 사람들입니다. 문장의 의미로는 성립되지 않지만 만일 they와 them이 같은 사람이라면 them 대신에 themselves를 써야 합니다. '아이'는 child, '아이들'은 children입니다.

**태의 변환**

They adopted her after he died.는 능동태 문장입니다. 그녀를 입양한 사람들을 강조한 문장입니다. 만일 입양된 '그녀'를 강조하고 싶으면 수동태 문장을 사용해야 합니다.

She **was adopted by them** after he died.

그녀는 그가 죽은 후에 그 사람들에 의해서 입양되었다.

She **was adopted by a very prominent family**.

그녀는 매우 유명한 가정에 입양되었다.

She **was adopted** when she was four.

그녀는 네 살 때 입양되었다.

수동태에서는 특별한 의미 부여가 필요한 경우가 아니라면 by 이하를 생략하는 것이 일반적입니다. by a prominent family 같은 경우는 누가 봐도 prominent family가 중요하게 느껴집니다. 그렇다면 생략 없이 정확히 명시해 줘야 합니다.

**시제 변화**

adopt의 과거형은 adopted입니다. 규칙 변화에 해당됩니다. 의미상 현재 시제와는 어울리지 않는 문장입니다. 현재 시제를 이용하려면 문장의 내용이 바뀌어야 합니다.

They **adopt** children when they are under five years old.

그들은 아이들이 다섯 살 이하일 때 입양합니다.

They **will adopt** her after he dies.

그들은 그가 죽은 후에 그녀를 입양할 거야.

I hope they **adopt** her after he dies.

나는 그들이 그가 죽은 후에 그녀를 입양해 주기를 바라.

첫 번째 문장은 규칙이나 습관에 해당되는 현재 시제 문장이며, 세 번째 문장은 현재 시제가 쓰였지만 hope로 인하여 '미래의 희망'을 뜻하고 있습니다.

---

**전치사구로 표현**

They adopted her **at his suggestion**.

그들은 그의 권유로 그녀를 입양했다.

They didn't adopt her **on impulse**.

그들이 그녀를 충동적으로 입양한 건 아니잖아.

---

**접속사절로 표현**

They adopted her **when she was fairly young**.

그들은 그녀가 아주 어릴 때 입양했어.

They adopted her **because he wanted to eagerly.**

그들은 그가 간절히 원했기 때문에 그녀를 입양했다.

027

# He protects her.

**그가 평소에 그녀를 보호하고 있다.**

타동사 protect는 '~을 안전하게 지키다', '~을 안전하게 보호하다' 등을 뜻합니다. 이 어휘의 어원을 보면 pro-는 before, -tect는 to cover입니다. '앞에서(before) 덮거나 엄호하다(cover)'라는 뜻이지요. 그래서 '앞에서 안전하게 지키다'라는 뜻이 된 것입니다. 현재 시제는 '늘 어떤 행위를 하다', '평소에 그러하다' 등의 의미를 포함하지요. 현재 시제의 이해가 영문법에서는 가장 기본이면서 어렵습니다.

**수 일치**

동사 protect가 현재 시제로 쓰이고 있기 때문에 주어의 수에 영향을 받습니다. 3인칭 단수인 He가 주어로 나왔으므로 동사원형 protect에 -s를 붙여 사용하게 됩니다. 반사적으로 말하거나 글로 표현할 수 있도록 탄탄한 연습이 필요합니다.

He **protects** her.

그는 평소에 그녀를 지키고 있습니다.

You **protect** her.

평소에 자네가 그녀를 잘 보호하도록 해.

I don't know who **protects** her.

누가 그녀를 돌보고 있는 건지 모르겠어.

I hear some of her friends **protect** her.

듣자 하니 그녀의 친구들이 그녀를 보호하고 있다던데.

대명사인 who는 단수로 취급합니다. 셀 수 있는 명사의 여럿을 말할 때 some을 이용하지요. 그럴 때는 some이 당연히 복수의 개념입니다.

---

**태의 변환**

He protects her.는 능동태 문장입니다. 그의 평소 행위를 말하지요. 하지만 그녀가 평소에 처한 상태를 말할 때는 수동태로 바뀝니다.

## She**'s protected** by him.

그녀는 그에게 보호받고 있다.

## She**'s being protected** by him.

그녀는 지금 그에게 보호받고 있는 중입니다.

## They should **be protected**.

그들은 보호를 받아야 합니다.

## He's to **be protected** by the government.

그는 정부의 보호를 받게 될 것이다.

수동태에서 누구에게 보호를 받고 있는지를 분명히 전해야 된다면 by him의 형태로 뒤에 명시되어야 합니다. 하지만 누구에게 보호받는지는 중요하지 않고 보호받는 것 자체가 중요할 때는 보호의 주체자를 뒤에 명시할 필요가 전혀 없습니다. to부정사는 '미래에 일어날 일'을 말합니다. 따라서 to be protected는 '앞으로 보호받을 것이다'로 이해합니다.

---

**시제 변화**

동사 protect의 3단 변화는 protect-protected-protected로 규칙 변화입니다. 현재분사의 형태는 protecting이지요. 다양한 시제의 변화에 형태가 잘 따라줘야 합니다.

## He **has protected** her.

그동안 그가 그녀를 보호해왔어. (그래서 그녀가 지금 무탈한 거야.)

## He **will protect** her.

그가 그녀를 보호할 겁니다.

## He **would protect** her.

(이런 상황이라면) 그가 그녀를 보호하게 될 거야.

특히 시제 변화의 문장들에 익숙해질 필요가 있습니다.
문법의 내용이 얼마나 중요한지를 보여주기 때문입니다.

---

**전치사구로 확장**

## He protects her **against danger.**

그는 그녀가 위험에 빠지지 않도록 보호하고 있다.

## He protects her **of his own accord**.

그는 자발적으로 그녀를 보호하고 있다.

---

**접속사절로 확장**

## He protects her **who has been followed by someone.**

그는 누군가에게 미행당해온 그녀를 보호하고 있다.

## He protects her **because her parents have died in a car crash.**

그녀의 부모가 자동차 사고로 세상을 떠나서 그는 그녀를 보호하고 있다.

028

# She accompanied him to the benefit.

**그녀는 그 자선행사에 그와 동행했다.**

타동사 accompany는 '~와 동행하다'라는 뜻입니다. 매우 격식을 차린 문어적인 느낌의 어휘이지요. accompany somebody to ~의 형태는 '누군가와 동행해서 ~에 가다'를 뜻합니다. benefit은 '혜택', '이득' 등의 뜻을 포함하지만 이 문장에서는 '자선행사'라는 뜻으로 쓰이고 있습니다.

**수 일치**

수에 영향을 받는 것은 명사와 동사의 형태입니다. 셀 수 있는 명사에는 단수형과 복수형이 존재하고, 셀 수 없는 명사는 기본형(단수형) 하나로 모두 처리되지요. 셀 수 있는 명사의 경우에는 그것이 단수일 때 바로 앞에 부정관사 a나 an이 꼭 붙습니다. 물론 의미의 변화에 따라서 그 부정관사의 자리에 정관사 the, 또는 명사나 대명사의 소유격이 올 수도 있습니다. '자선행사'라는 뜻의 benefit은 셀 수 있는 명사입니다.

She accompanied him to **the benefit.**

그녀는 그 자선행사에 그와 동행했다.

She accompanied him to **some benefits.**

그녀는 몇몇 자선행사에 그와 동행했다.

She accompanied him to **their events.**

그녀는 그와 동행해서 그들이 여는 행사들에 참석했다.

셀 수 있는 명사와 셀 수 없는 명사를 구별해서 기억하는 것은 대단히 중요합니다. 물론 다양한 문장들을 통해 기억해야 합니다.

**태의 변환**

She accompanied him to the benefit.는 능동태 문장입니다. 그녀의 행위를 강조한 문장이지요. 그녀의 동반을 받은 그의 입장이라면 수동태로 표현합니다.

He **was accompanied by her** to the benefit.

그는 그녀를 동반한 상태로 그 자선행사에 참석했다.

Who's going to **be accompanied by her**?

누가 그녀를 동반하고 온다는 거야?

The thought **was accompanied by deep dismay.**

그 생각을 하자 깊은 실망감이 느껴졌다.

'동반'은 사람뿐 아니라 추상명사에도 적용될 수 있습니다. thought은 '생각'이며, dismay는 '충격적인 실망감', '경악' 등을 뜻하지요. 추상명사입니다. '생각을 하는 중에 실망감이 따라왔다'는 의미의 문장입니다.

**시제 변화**

과거 시제인 accompanied의 원형이자 현재형은 accompany입니다. 과거분사 역시 accompanied이지요. 이처럼 형태의 변화를 일으키는 어휘들은 절대 잊지 말아야 합니다. 물론, 문장을 통해서 정확히 기억하면 어려움이 없습니다.

She **accompanies** him to the benefit.

그녀는 평소에 그 자선행사에 그와 동행합니다.

She **has accompanied** him to the benefit.

그녀가 그 자선행사에 그와 동행했어. (그래서 지금 소셜 미디어에서 떠들썩한 거야.)

She **should have accompanied** him to the benefit.

그녀가 그 자선행사에 그와 동행했으면 좋았을걸 그랬어.

'should have p.p.' 구문은 과거의 일에 대한 아쉬움을 나타냅니다.

---

**전치사구로 표현**

She accompanied him **on his first trip**.

그녀는 그의 첫 여행에 동반했다.

She accompanied him **towards the conference room**.

그녀는 그와 함께 회의실 쪽으로 갔다.

---

**접속사절로 확장**

She accompanied him **when his suffering became too much**.

그녀는 그의 고통이 너무 심해지자 그와 동행했다.

She accompanied him to London **where he would audition for *Mamma Mia!***

그녀는 그가 〈맘마미아〉 오디션에 참가할 런던으로 그와 동행했다.

# He encouraged her to stick with it.

**그는 그녀에게 그 일을 포기하지 말고 계속하라고 권했다.**

타동사 encourage는 '~을 격려하다', '~에게 용기를 북돋우다' 등의 의미를 갖습니다. '용기'를 의미하는 명사 courage의 동사형이지요. stick with는 '어려움이 있어도 포기하지 않고 ~을 계속 해나가다'라는 의미입니다. 결국 encourage her to stick with it은 '그 일이 힘들어도 포기하지 말고 계속 해나가라고 격려하다'라는 의미를 전합니다.

**수 일치**

동사와 전치사의 목적어로 쓰이는 명사들의 수에 신경 써야 합니다. 그것이 대명사일 때도 마찬가지입니다. 단수와 복수에 따른 형태 변화가 중요합니다.

## He encouraged **her** to stick with **it**.

그는 그녀에게 그 일을 포기하지 말고 계속 밀어붙이라고 격려했다.

## He encouraged **his staff members** to stick with **the plans**.

그는 직원들에게 현재 진행되고 있는 계획을 포기하지 말고 계속 밀어붙이라고 권했다.

## He encouraged **me** to stick with **my new project**.

그는 내게 새로운 프로젝트를 포기하지 말고 끝까지 해내라고 격려했다.

staff는 한 사람이 아닌 '직원 전체'를 의미합니다. 주로 영국에서 사용됩니다. 미국에서는 staff members라고 표현하거나 workers라고 합니다.

**태의 변환**

He encouraged her to stick with it.는 능동태 문장입니다. '그 사람' 중심으로 진행되는 문장이지요. 만일 권유 받는 '그녀' 중심으로 말하고 싶으면 수동태 문장을 써야 합니다.

## She **was encouraged by him** to stick with it.

그녀는 그에게 그 일을 끝까지 밀어붙이라는 격려를 받았다.

## She **was encouraged by him** to finish college.

그녀는 그에게 대학은 끝까지 다니라는 권유를 받았다.

## She **was encouraged** to have confidence in herself.

그녀는 자신감을 가지라는 권유를 받았다.

finish college는 '대학을 졸업하다'라는 의미이며, confidence는 '자신감', have confidence in oneself는 '자신감을 갖다'의 뜻으로 사용됩니다. in oneself가 생략되어도 같은 의미입니다.

---

**시제 변화**

encouraged는 encourage의 과거형입니다. 규칙 변화를 일으킵니다. 과거는 현재와 단절된 시제이며 과거와 현재가 연결된 시제는 현재완료입니다. 현재완료를 이해할 때는 과거로 인해 생긴 현재의 분위기와 상태, 또는 동작까지 연결시켜야 합니다.

## He **encourages** her to stick with it.

그는 평소에 그녀에게 그 일을 포기하지 말고 끝까지 밀어붙이라고 격려해 준다.

## He **has encouraged** her to stick with it.

그가 그녀로 하여금 그 일을 포기하지 않도록 격려해 주었기 때문에 그녀의 오늘이 있는 겁니다.

He **will encourage** her to stick with it.
그가 그녀에게 그 일을 포기하지 말고 끝까지 밀어붙이라고 격려해 줄 거야.

I asked him **to encourage** her to stick with it.
나는 그에게 그녀가 그 일을 포기하지 않도록 격려해 달라고 부탁했다.

부정사인 to encourage와 to stick에는 자체적으로 '미래'의 의미가 포함되어 있음을 기억해야 합니다.

---

**전치사구로 확장**

He encouraged her to stick with it **at the last minute**.
그는 마지막 순간에 그녀에게 포기하지 말고 끝까지 밀어붙이라고 격려했다.

He encouraged her to stick with it **for the first time**.
그는 그녀에게 그 일을 끝까지 열심히 해보라고 처음으로 격려해 주었다.

---

**접속사절로 확장**

He encouraged her to stick with it **while talking to her on the phone**.
그는 그녀와 통화 중에 그 일을 끝까지 밀어붙여 보라고 격려했다.

He encouraged her to stick with it **if she wanted a promotion**.
그는 그녀가 승진을 원한다면 그 일을 포기 없이 끝까지 밀어붙여 보라고 격려해 주었다.

030

# He harassed her with unwanted sexual advances.

**그는 원치 않는 성적 접근으로 그녀를 희롱했다.**

타동사 harass는 '~을 희롱하다', '~을 괴롭히다' 등을 뜻합니다. 보통 수동태로 자주 쓰이는 동사이지만 주어의 공격성을 강조할 때는 당연히 능동태 문장에서도 사용됩니다. unwanted는 '상대가 원치 않는'이라는 의미이며, 복수형 advances를 쓰면 '성관계를 노린 접근'이 됩니다. 따라서 굳이 sexual을 앞에 적지 않아도 되는 것이지요. 하지만 sexual을 앞에 놓음으로써 성적인 접근임을 분명히 강조하고 있습니다.

**수 일치**

명사 중에는 단수로 쓰일 때와 복수로 쓰일 때 의미가 달라지는 것들이 있습니다. advance가 그들 중 하나입니다. 단수형인 advance는 '전진', '발전', 또는 '선금'이라는 뜻이 있습니다. 하지만 태생적 복수형인 advances는 '성적 의도의 접근'이라는 의미를 갖습니다. 물론 '진전'과 '발전'을 뜻하는 advance가 복수형으로 쓰일 때도 있습니다. 그건 태생적 복수형이 아니라 상황적 복수형입니다. 둘 사이를 혼동해서는 안 됩니다.

He harassed her with unwanted sexual **advances.**

그는 그녀가 원치 않는 성적 접근으로 그녀를 희롱했다.

She refused the **advances** of him.

그녀는 그의 성적 접근을 거부했다.

They achieved economic growth and **advances** in military capacity.

그들은 경제 성장과 군사력의 발전을 이루었다.

어휘나 문장의 맹목적인 암기는 좋지 않습니다. 정확한 이해를 바탕으로 계속 관심을 갖고 소리 내어 읽고 또 읽는 반복 연습을 통해서 자연스럽게 문장이 기억되도록 해야 합니다.

---

**태의 변환**

He harassed her with unwanted sexual advances.는 능동태 문장입니다. 성적 접근을 시도한 자를 강조할 때 사용하지요. 당하는 입장이면 당연히 수동태가 됩니다.

## She **was harassed** with unwanted sexual advances **(by him)**.

그녀는 (그에 의해서) 원치 않는 성적 접근으로 희롱을 당했다.

## I didn't know she **was harassed** with unwanted sexual advances.

나는 그녀가 성희롱을 당했다는 사실을 전혀 몰랐어.

## How long **has** she **been harassed** with unwanted sexual advances?

그녀가 얼마 동안 성희롱을 당해왔던 거야?

문장의 의미를 주도하는 것이 태이지만, 그렇다고 태가 문장의 전부는 아닙니다. 문장을 구성하는 어휘들의 세심한 의미에도 신경 써야 합니다.

---

**시제 변화**

harassed의 현재형이자 원형은 harass입니다. 과거분사형은 harassed이지요. 특히 현재 시제일 때 정확한 이해가 필요한 문장입니다.

## He **harasses** her with unwanted sexual advances.

그는 그녀가 원치 않는데도 평소에 성적인 접근을 시도한다.

He **has harassed** her with unwanted sexual advances.

그가 그동안 계속 그녀를 성희롱했기 때문에 생긴 결과야.

Don't you see he**'s harassing** her with unwanted sexual advances?

너 지금 그가 그녀를 성희롱하는 거 안 보여?

I **heard** he **had harassed** her with unwanted sexual advances.

나는 그가 그녀를 성희롱했다는 얘기를 들었는데.

주동사의 시제로 인해서 목적절 동사의 시제가 변화를 일으키는 것을 주의해 보아야 합니다.

---

**전치사구로 표현**

He harassed her **by ringing her bell at 3 or 4 in the morning**.

그는 새벽 서너 시에 그녀 집의 벨을 누름으로써 그녀를 괴롭혔다.

He harassed her **despite warnings**.

그는 여러 번 경고했음에도 불구하고 그녀를 희롱했다.

---

**접속사절로 표현**

He harassed her **while they were dating online**.

그는 온라인상에서 데이트하는 중에 그녀를 희롱했다.

He harassed her **even if she said no to him many times**.

그는 그녀가 여러 번 거절했음에도 그녀를 희롱했다.

031

# Overwhelming guilt gripped me.

**큰 죄책감이 나를 완전히 사로잡았어.**

타동사 grip은 '뭔가를 손으로 꽉 쥐다'라는 의미입니다. 이것이 추상적인 의미로 사용되면 '뭔가에 큰 영향을 주다', '뭔가를 완전히 사로잡다'의 느낌을 전합니다. '정신적으로 뭔가에 큰 영향을 줘서 꼼짝 못하게 만든다'는 뜻입니다. overwhelming은 '압도적인', '강력한' 등의 뜻이지요. guilt는 '죄책감'입니다.

**수 일치**

guilt는 셀 수 없는 명사입니다. 따라서 a guilt라는 표현은 쓸 수 없지요. 하지만 글을 쓰는 작가의 의도에 따라서는 guilt를 수식하는 형용사가 앞에 붙는 경우 그것을 guilt의 한 종류로 분류하여 형용사 앞에 부정관사가 붙기도 합니다. 하지만 그것은 일반적인 것이 아니라 작가의 의지에 따른 시도이기 때문에 학습하는 우리로서는 guilt를 어떤 상황에서도 셀 수 없는 명사로 분류하는 것이 좋겠습니다.

**Overwhelming guilt** gripped me.

엄청난 죄책감 때문에 저는 정신을 못 차렸어요.

He was doing it out of **guilt**.

그는 죄책감에서 그런 행동을 했던 거죠.

**Guilt** overwhelmed me.

죄책감에 휩싸여 나는 어떻게 할 바를 몰랐다.

guilt가 사용된 다양한 문장들을 통해서 그것이 셀 수 없는 명사임을 확인할 수 있으며, 또한 guilt가 회화에서 적극적으로 사용될 수 있음을 확인할 수 있습니다.

---

**태의 변환**

Overwhelming guilt gripped me.는 능동태 문장입니다. guilt를 강조한 문장이지요. 하지만 '내가 놓인 상태'를 강조하고 싶다면 수동태 문장을 이용합니다.

## I **was gripped** by overwhelming guilt.

나는 엄청난 죄책감에 사로잡혔다.

## I didn't imagine I could **be gripped** by overwhelming guilt.

난 내가 엄청난 죄책감에 빠질 수 있다고는 상상조차 못했다.

## He'll **be gripped** by overwhelming guilt.

그는 엄청난 죄책감에 시달릴 거야.

능동태는 문어체에서, 수동태는 구어체에서 어울리는 문장입니다. 무생물 주어가 능동태에서 쓰이면 흔히 그런 결과가 생깁니다. 글을 쓸 때나 말할 때 사용되는 어휘와 표현, 문법 등의 적절한 구별과 차이를 가늠할 줄 알아야 합니다.

---

**시제 변화**

grip의 과거형은 gripped입니다. 회화에서 이 문장이 쓰였다면 gripped me의 발음만으로는 시제의 분간이 힘듭니다. 대화의 주제가 과거의 일이었을 때 나올 수 있는 문장이므로 발음과 상관없이 정황상 당연히 gripped라고 인정하게 되는 겁니다.

Overwhelming guilt **has gripped** me.

그동안 압도적인 죄책감이 나를 완전히 쥐고 흔들었어.

Overwhelming guilt **is going to grip** her.

엄청난 죄책감이 그녀를 정신 못 차리게 할 거야, 분명.

Overwhelming guilt **grips** me.

엄청난 죄책감에 나는 매일매일이 감옥이야, 감옥.

시제의 의역은 사실 가장 힘든 부분입니다. 결국 문법의 내용 이해가 정확한 해석을 결정합니다. 문법은 형식을 외우는 게 다가 아닙니다. 내용을 이해해야 합니다.

---

**전치사구로 확장**

Overwhelming guilt gripped me **after the accident**.

그 사고 이후에 엄청난 죄책감이 나를 궁지로 몰아넣었어.

Overwhelming guilt gripped me **for so long**.

엄청난 죄책감이 오랫동안 나를 너무도 힘들게 했다.

---

**접속사절로 확장**

Overwhelming guilt gripped me **when I heard the news**.

그 소식을 들었을 때 엄청난 죄책감이 나를 휘감았다.

Overwhelming guilt gripped me **and made me faint**.

엄청난 죄책감이 나를 감쌌고 나는 기절했다.

# Guilt overwhelmed me.

**죄책감이 나를 짓눌렀다.**

타동사 overwhelm은 '~을 전복시키다(to overthrow)'를 어원으로 '뭔가를 압도하다'라는 의미를 전합니다. 감정적으로 감당할 수 없게 만든다거나 힘으로 압도한다는 의미를 포함합니다. guilt는 '죄책감'이지요. 결국 이 문장은 "죄책감으로 나는 어떻게 할 바를 몰랐다." 또는 "나는 완전히 죄책감에 사로잡혔다." 정도로 이해합니다.

**수 일치**

guilt는 추상명사입니다. 셀 수 없지요. 따라서 추상명사는 단수로 취급합니다. 하지만 시제가 과거일 때는 주어의 단수, 복수는 동사의 형태에 전혀 영향을 미치지 못합니다.

## Guilt **overwhelmed** me.

죄책감 때문에 난 정말 어떻게 해야 될지를 몰랐어.

## You completely **overwhelmed** me.

당신은 저를 완전히 압도했어요. (당신 때문에 정신을 차릴 수가 없었죠.)

## Dozens of armed men **overwhelmed** the guards.

수십 명의 무장한 자들이 경비요원들을 제압했다.

추상명사, 인칭대명사, 그리고 일반 명사를 가리지 않고, 또한 단수, 복수를 가리지 않고 과거형은 그 형태에 아무런 영향을 받지 않음을 알 수 있습니다.

**태의 변환**

Guilt overwhelmed me.는 능동태 문장입니다. 죄책감, 즉 guilt가 주어로 강조되고 있는 문장이지요. "죄책감에 압도되어 나는 아무것도 할 수 없었다"는 의미를 전합니다. 반면에 '나의 과거 상태'를 강조한다면 수동태 문장을 이용합니다.

## I **was overwhelmed** by guilt.

나는 죄책감에 짓눌린 상태였어.

## I **was overwhelmed** by the enthusiastic welcome.

나는 열렬한 환호에 몸 둘 바를 몰랐다.

## They **were overwhelmed** by the casualties.

그들은 사상자들 때문에 완전히 정신이 없었다.

수동태에서는 guilt, the enthusiastic welcome, 그리고 the casualties보다도 그런 것들에 압도되고 몸 둘 바를 모르며 정신을 차리지 못하는 '주어'에 관심이 집중되는 것입니다. 주어가 짧고 단순하다고 해서 별것 아닌 걸로 치부해서는 안 됩니다.

---

**시제 변화**

overwhelmed는 과거형입니다. 현재형은 overwhelm이지요. 현재 시제에서 3인칭 단수가 주어라면 overwhelms가 됩니다. 규칙 변화에 해당됩니다.

## Guilt **overwhelms** me.

요즘 내가 죄책감 때문에 계속 너무 시달리고 있어.

## Guilt **has overwhelmed** me.

죄책감이 나를 너무 옥죄어서 나 지금 너무 힘들어.

## Guilt'**ll overwhelm** me.

죄책감이 분명 나를 짓누르게 될 거야.

현재완료는 과거의 일이 지금에 영향을 주는 것이고, 현재시제는 과거, 현재, 그리고 미래의 모든 상황에서 변함없이 늘 그렇다는 의미이기 때문에, 이 두 개 시제의 우리말 해석에 혼란이 생길 수도 있습니다. 그럴 때는 특히 시제의 근본적인 의미의 이해에 최선을 다해야 합니다.

---

**전치사구로 확장**

## Guilt overwhelmed me **at that time**.

그때는 정말이지 죄책감이 나를 짓눌렀어.

## Guilt overwhelmed me **for a while**.

한동안 죄책감이 나를 엄청 힘들게 했어.

---

**접속사절로 확장**

## Guilt overwhelmed me **because I couldn't do anything for them**.

죄책감이 엄습했지. 나는 그들을 위해서 아무것도 할 수가 없었으니까.

## Guilt overwhelmed me **right after I escaped alone**.

난 혼자 탈출한 직후에 죄책감에 완전히 시달렸어.

033

# Your letter has confused me.

**네 편지가 나를 혼란스럽게 만들었어.**

타동사 confuse는 '~을 혼란스럽게 만들다'라는 뜻입니다. 시제는 현재완료가 쓰였으므로 과거에 나를 혼란스럽게 만들어서 지금 내가 어떤 상황에 놓이게 되었다는 의미를 전하지요. 현재완료는 현재 상태에서 의미가 마무리되어야 완전한 해석이 이루어지는 것입니다. 과거 시제와는 엄연히 다르므로 의미에 있어서 명확한 구별이 이루어져야 합니다.

**수 일치**

글을 읽거나 말을 듣는 입장에서는 수가 선명하게 눈에, 그리고 귀에 들어오지 않습니다. 하지만 글을 쓰거나 말을 할 때는 수가 매우 예민하게 다가오지요. 수의 일치에 의해서 대화의 상황이 확확 달라질 수 있기 때문입니다. 그만큼 수는 아무리 작은 변화라도 세밀하게 접근해야 합니다.

## **Your letter has** confused me.

네 편지가 나를 혼란스럽게 만들었기 때문에 내가 이러는 거야.

## **Your letters have** confused me.

네가 쓴 편지들이 나를 혼란시켜서 내가 지금도 우왕좌왕하고 있잖아.

## Don't you know how much **your letter has** confused me?

네 편지 한 통이 지금까지 나를 얼마나 헷갈리게 했는지 모르겠니?

문장의 변화 속에서 수의 일치를 혼란스럽게 생각해서는 안 됩니다. 억지로 외워서 되는 게 아니라 자연스럽게 습득되어야 하므로 지금처럼 많은 문장들을 지속적으로 접하고 기억에 담아서 수에 대한 부담감을 줄여 나가야 합니다.

**태의 변환**

Your letter has confused me.는 능동태 문장입니다. 편지가 내게 일으키는 행위를 강조한 문장이지요. 하지만 편지로 인해서 내가 놓이게 된 상태를 말할 때는 수동태를 씁니다. 또한 이 문장에서는 행위자인 편지가 '이유와 원인'을 제공하는 중요한 역할을 하기 때문에 뒤에 by your letter를 반드시 언급해줘야 합니다.

## I have **been confused** by your letter.

네 편지 때문에 내가 지금까지도 혼란스러워.

## I have **been** so **confused** by your reaction.

당신의 반응 때문에 난 지금까지도 헷갈려. (도대체 의도가 뭐야?)

## What makes you so **confused**?

무엇 때문에 그렇게 혼란스러워하는 거야?

so는 confused를 강조하는 부사입니다. 마지막 문장 What makes you so confused?는 What makes you be so confused?에서 be가 생략된 문장이지요. 따라서 you의 입장에서는 you're so confused가 되므로 수동형이 맞습니다.

**시제 변화**

confuse의 3단 변화는 confuse-confused-confused입니다. 과거와 과거분사의 형태가 똑같다고 해서 문장에서의 역할을 혼동해서는 안 됩니다.

## Your letter **confused** me.

그때는 네 편지가 나를 혼란스럽게 해서 그랬던 거야.

## Your letter **confuses** me.

네 편지는 늘 나를 헷갈리게 해.

Your letter **is confusing** me.

네 편지가 지금 나를 혼란스럽게 만들고 있는 거야.

Your letter **must have confused** me.

네 편지가 나를 헷갈리게 했던 게 분명해.

시제들이 갖는 고유의 의미를 손상시키는 일이 없도록 해석에 각별히 주의해야 합니다.

---

**전치사구로 확장**

Your letter has confused me **for a long time**.

네 편지가 지금까지 오랫동안 나를 혼란스럽게 만들었어.

Your letter has confused me **without a break**.

네 편지가 그동안 나를 끊임없이 혼란스럽게 했어.

---

**접속사절로 확장**

Your letter has confused me **and is influencing my decision.**

네 편지가 나를 지금까지 혼란시켰고 지금 내 결정에 영향을 주고 있어.

Your letter has confused me **so that I'm still at a loss.**

네 편지가 그동안 나를 혼란스럽게 만들어서 난 아직도 뭘 어찌해야 될지 모르겠어.

034

# She sacked him.

**그녀는 그를 해고했어.**

타동사 sack은 구어체에서 격없이 사용하는 어휘로서 '~을 해고하다'라는 의미를 갖습니다. 특히 영국에서 즐겨 사용되는 어휘이지만 영국, 미국 가리지 않고 누구나 이해하고 사용하는 어휘이기도 합니다. 우리가 흔히 알고 있는 She fired him.과 같습니다. 둘 다 직설적인 표현이지요. 우회적으로는 She laid him off. 정도가 좋습니다. 원래 lay off는 '경기 침체로 일시적으로 해고하다'라는 뜻입니다.

---

**수 일치**

일반 동사가 과거 시제라면 주어의 수에 따라 동사의 형태가 변하는 일은 없습니다. 수의 일치는 동사의 시제가 현재와 현재완료일 때 신경 써야 합니다.

## She **sacked** him.

그녀가 그를 해고했어.

## They **sacked** him.

그들이 그를 해고했지 뭐야.

## Who **sacked** whom?

누가 누구를 해고했다고?

의문대명사 who는 단수로 받습니다. who의 목적격은 whom, 소유격은 whose이지요. 이런 형태 변화가 실제 상황에서 신속, 정확하게 적용되어야 합니다.

**태의 변환**

She sacked him.은 3형식 능동태 문장입니다. 타동사 sack이 지배하는 문장이고 그를 해고한 '그녀'가 강조된 문장입니다. 느낌상 "그녀가 그를 해고하다니. 어떻게 그럴 수가 있어? 그녀가 그래도 되는 거야?" 정도의 느낌을 전하는 문장입니다. 해고를 당한 '그'를 강조하고 싶으면 수동태 문장으로 바꾸어 줍니다.

## He **was sacked.**

그가 해고됐던데.

## He **got sacked.**

그가 해고됐다고, 그가 말이야.

## I didn't expect him to **be sacked.**

그가 해고되리라고는 생각도 못했어.

I didn't expect him to ~는 '나는 그가 ~될 것이라고 예상하지 못했다'는 의미의 표현입니다. 여기에 수동형 be sacked가 연결되어 매우 활용도 높은 문장이 되었습니다.

**시제 변화**

sacked는 sack의 과거형입니다. She sacks him.이라는 현재형 문장은 존재하지 않습니다. "그녀는 평소에 그를 늘 해고한다."라는 전혀 논리적이지 않은 의미가 되기 때문입니다. 과거형은 현재 상태와는 무관하게 그저 과거에 있었던 일만을 얘기합니다.

## She **should have sacked** him.

그녀는 그를 해고했어야 했어.

## I'm afraid she**'s going to sack** him.

그녀가 분명히 그를 해고할 것 같은데.

I'm sure she**'ll sack** him.

그녀는 그를 해고시킬 거야. 내가 확신해.

will은 미래에 일어날 일을 단정적으로 말합니다. 나름 확실성을 가지고 말하지요. 하지만 불확실성의 가능성은 얼마든지 존재합니다. 반면에 be going to를 쓰면 will보다는 일반적인 확실성에서 앞섭니다. 그런가 하면 아무런 의지 없이도 자연적으로 100% 그렇게 될 수 밖에 없는 일을 말할 때는 will을 씁니다.

---

**전치사구로 확장**

She sacked him **on the spot**.

그녀는 그 자리에서 그를 해고했어.

She sacked him **for that**.

그녀는 그것 때문에 그를 해고한 거야.

---

**접속사절로 확장**

She sacked him **because he had been absent without leave**.

그녀는 그를 해고했다. 이유는 무단결근 때문이었다.

She sacked him **when she caught him badmouthing her**.

그녀는 그가 자기를 험담하는 꼴을 보고 그를 해고했어.

# He adjudged it to be inoperable.

**그는 그건 수술 불가능할 거라는 판단을 내렸다.**

타동사 adjudge는 '~라고 판단 내리다'라는 의미입니다. 강조의 접두사 ad-에 '~을 판단하다'라는 의미를 지닌 어근 -judge가 붙어서 만들어진 문어체 어휘입니다. 대화에서는 매우 격을 차릴 때 사용하지요. 형용사 operable은 '수술 치료가 가능한'이라는 의미이므로, 그 반대인 inoperable은 '수술 치료가 가능하지 않은'이란 뜻이 됩니다. to부정사는 '미래'의 의미를 포함해서 to be inoperable은 '수술이 불가능할 것이다'로 이해합니다.

**수 일치**

3인칭이 주어로 오면 동사의 수 일치에 일단 긴장해야 합니다. 물론 작문할 때를 말합니다. 하지만 동사의 시제가 과거일 때는 주어의 수는 전혀 영향을 미치지 못하지요. 수의 일치가 완전히 습관화될 때까지는 정말 신경 바짝 써야 합니다.

## **He adjudged** it to be inoperable.

그는 그것이 수술 불가능일 거라고 판단했다.

## **The doctors adjudged** it to be inoperable.

의사들은 그 병은 수술이 불가능할 것이라는 판단을 내렸다.

## **Who adjudged** it to be inoperable?

누가 그걸 수술 불가능일 거라고 판단 내렸던 거야?

Who는 단수로 취급합니다.

**태의 변환**

He adjudged it to be inoperable.은 능동태 문장입니다. 그의 행위를 강조한 문장이지요. 만일 병을 위주로 말하고 싶으면 수동태 문장을 이용합니다.

It **was adjudged** to be inoperable.
그건 수술 불가능일 거라고 판단되었다.

I didn't know it **was adjudged** to be inoperable.
나는 그게 수술 불가능일 것으로 판단되었다는 사실도 몰랐어.

Who said it **was adjudged** to be inoperable?
그게 수술 불가능일 거로 판단되었다고 누가 그래?

수동태가 일단 입에 붙어 있어야 글을 쓸 때도 자연스럽게 활용할 수 있습니다. 그것이 문어체 문장이든 구어체 문장이든 정확한 발음으로 구사할 수 있도록 많은 연습이 필요합니다.

---

**시제 변화**

adjudge는 규칙 변화를 일으키는 동사입니다. 3단 변화는 adjudge-adjudged-adjudged가 되지요. 현재분사형은 adjudging입니다.

He **has adjudged** it to be inoperable.
그는 이미 그것이 수술 불가능하다고 판단했어. (그러니 괜한 기대하지 마.)

They **told** me he **had adjudged** it to be inoperable.
그들이 나한테 말해줬어. 그가 이미 그것을 수술 불가능일 거라고 판단했다네.

Nobody **could adjudge** it to be inoperable.
그 누구도 그것을 수술 불가능할 것이라고 판단할 수는 없는 거야.

It **will be adjudged** to be inoperable.

그것은 분명 수술 불가능일 것으로 판단될 거야.

to부정사가 '미래'의 의미를 갖는다는 사실은 실제 해석에서도 그대로 반영되어야 합니다. 문법의 형식은 암기가 가능하지만 문법의 내용은 암기가 아닌 이해가 필수입니다. 그리고 그 내용은 문장의 해석에 적극적으로 반영되어야 합니다. 문법을 위한 문법 학습이 아니라 문장의 이해를 위한 문법 학습, 그리고 영어 실력 향상을 위한 문법 학습이 되어야 합니다.

---

**전치사구로 확장**

He adjudged it to be inoperable **after a series of tests**.

일련의 검사 이후에 그는 그것이 수술 불가능할 것이라고 판단했다.

He adjudged it to be inoperable **without medical evidence**.

그는 의학적 근거도 없이 그것이 수술 불가능할 것이라고 판단했다.

---

**접속사절로 확장**

He adjudged it to be inoperable **because serious damage could be caused**.

심각한 손상이 우려되어 그는 그게 수술 불가능할 것이라고 판단했다.

**After reading the test results**, he adjudged it to be inoperable.

검사 결과들을 읽어본 후에 그는 그것이 수술 불가능할 것이라고 판단을 내렸다.

## 수(number)

우리가 영어를 어느 정도 익혀도 실제로 영작을 하거나 영어로 말을 할 때 빈번하게 틀리는 부분이 수입니다. 주어 동사의 수 일치, 셀 수 있는 명사와 셀 수 없는 명사 구별, 명사 앞에 부정관사나 정관사, 인칭대명사의 소유격을 넣는 것 등⋯ 우리는 정확한 문법으로 완성된 문장들, 그 속의 어휘들의 의미를 이해한 후에 꾸준한 반복 연습을 통해 실수에서 벗어날 수 있습니다.

36 He is impressed by her stylishness.
37 He's considered one of the hot writers.
38 He is approached by her.
39 They are both deeply affected by the breakup.
40 He is described as a pseudointellectual.
41 I'm not allowed to send an e-mail.
42 I am frustrated by the erosion of our values.
43 You're expected to pose questions of your own.
44 We are being punished.
45 My mind is made up.
46 The price is reduced from £340 to £120.
47 Lights are adjusted.
48 Why's your mobile turned off?
49 It's not to be touched.
50 The effort is marred by neurosis.
51 Temporary sales bans are being discussed.
52 Other bills are being paid online.

036

# He is impressed by her stylishness.

**그는 그녀의 우아함에 깊은 인상을 받았다.**

타동사 impress는 '~에게 깊은 인상을 주다', '~에게 감명을 주다' 등을 의미합니다. be impressed는 '깊은 감명을 받다'가 되지요. stylish는 '유행에 맞는 스타일을 갖추어 멋지고 우아한'이라는 의미로 사용됩니다. 명사인 stylishness는 '멋지고 우아함', '유행을 따르는 우아함'을 뜻합니다.

**수 일치**

명사 stylishness는 셀 수 없는 추상명사에 해당됩니다. 보통은 앞에 대명사의 소유격을 대동하게 됩니다.

## **He is** impressed by her stylishness.

그는 그녀의 우아함에 깊은 감명을 받았어.

## **I am** impressed by his stylishness.

나는 그의 스타일리쉬함에 정말 감동받았거든.

## **They are** impressed by your stylishness.

그들은 너의 뛰어난 유행 감각과 우아함에 완전 매료됐어.

어휘에는 그만의 정확한 감정이 포함됩니다. 그 감정의 연결이 결국 한 문장의 감정을 결정하게 되지요. 그 감정 처리는 문장의 발음에 영향을 주고 결국 문장의 기억에도 절대적인 역할을 하게 됩니다.

**태의 변환**

He is impressed by her stylishness.는 수동태 문장입니다. 그의 상태를 말하고 있지요. 하지만 그에게 감동을 둔 주체를 앞세우려면 능동태 문장을 쓰게 됩니다.

Her stylishness **impressed** him.
그녀의 우아함이 그에게 깊은 인상을 주었다.

Her stylishness failed to **impress** him.
그녀의 우아함이 그를 감동시키지는 못했다.

What do you think **impressed** him?
네 생각에는 뭐가 그를 감동시켰던 것 같아?

수동태에서는 현재 시제(is impressed)이지만 그 현재 시제에 쓰인 과거분사(impressed)에 '과거'의 의미가 포함되어 있으므로 그것이 능동태로 바뀔 때는 현재가 아닌 과거 시제(impressed him)를 이용해야 시제의 의미가 같아집니다. 만일 Her stylishness impresses him.이라고 하면 "그녀의 우아함은 늘 그를 감동시킨다."가 됩니다.

---

**시제 변화**

문장의 시제에 일관성이 있어야 하는 건 당연합니다. 또한 시제의 정확한 의미를 이해하고 있어야 대화의 연결이 가능해집니다. 상황과 분위기에 맞는 대화의 진행은 동사의 시제에 의해서 결정됩니다.

He **was impressed** by her stylishness.
그는 그녀의 세련되고 우아함에 감동했던걸 뭐.

He **will be impressed** by her stylishness.
그는 분명히 그녀의 우아함에 매료될 거야.

He **has been impressed** by her stylishness.
그가 (그런 말을 하는 이유는) 그녀의 우아함에 이미 감동을 먹었기 때문이야.

He **would be impressed** by her stylishness.

그는 그녀의 우아함에 감명받을 수밖에 없는 상황인걸.

조동사 would는 '과거에 이미 만들어진 상황이나 동작을 근거로 미래의 일이 발생한다'는 속뜻을 갖고 있습니다. 문장의 의역이 가능한 이유는 그 문장에 포함된 문법이 주는 의미의 정확한 이해 때문입니다.

---

**전치사구로 표현**

He is impressed **with the way she treats people.**

그는 그녀가 사람들을 대하는 모습에 감동받았다.

He is impressed **by her speech at the convention.**

그는 그 대회에서 했던 그녀의 연설에 지금 감명받은 상태야.

---

**접속사절로 표현**

He is **so** impressed **that he wants to stay here a little longer.**

그는 매우 감명을 받아서 여기에 조금 더 머물고 싶어 한다.

He is impressed **because he has never been treated that way.**

그는 이제껏 한 번도 그렇게 대접을 받아본 적이 없었기 때문에 감명을 받았다.

037

# He's considered one of the hot writers.

**그는 인기 작가 중 하나로 여겨지고 있다.**

타동사 consider는 '~을 …라고 여기다', '~을 …라고 생각하다' 등의 의미를 갖습니다. 5형식을 만드는 동사이지요. 〈주어+동사+목적어+목적 보어〉의 형태입니다. be considered는 '~로 간주되다', '~로 여겨지다' 등의 의미를 갖습니다. 형용사 hot은 '인기 있는'이라는 뜻입니다. 따라서 hot writers는 '인기 있는 작가들'입니다.

**수 일치**

one of the hot writers를 주의해야 합니다. '여럿 중의 하나'를 의미하므로 그 '여럿'에 해당되는 부분이 복수형입니다. one of the hot writer로 잘못 쓰면 안 되는 겁니다. writers가 되어야 합니다. 그리고 one은 '하나'이므로 주어는 반드시 단수이어야 합니다.

**He's** considered **one** of the hot **writers.**

그는 인기 작가들 중의 하나로 여겨진다.

**Jojo Moyes is** considered **one** of the hot **writers.**

조조 모예스는 인기 있는 작가들 중의 하나로 간주된다.

**Justin Bieber is** considered **one** of the hot **singers.**

저스틴 비버는 인기 가수들 중의 하나로 여겨진다.

문법의 형식은 문법의 내용을 바탕으로 이루어집니다. 따라서 문법이 갖는 내용의 정확한 이해를 위해서 최선을 다해야 합니다.

**태의 변환**

He's considered one of the hot writers.는 수동태 문장입니다. 그의 현재 상태를 말하고 있지요. 그를 인기 작가로 간주하는 사람을 강조하고 싶으면 능동태 문장을 씁니다.

## They **consider him** one of the hot writers.

그들은 그를 인기 작가들 중 하나로 간주합니다.

## We did not **consider him** a threat.

우리는 그를 위협적인 존재로 여기지 않았다.

## He **considered himself** lucky.

그는 자기가 운이 좋다고 생각했다.

한 문장에서 주어가 목적어로 다시 등장할 때는 '재귀대명사'를 사용합니다. 또한 5형식 문장에서 목적보어로는 명사뿐 아니라 lucky처럼 형용사도 올 수 있습니다.

**시제 변화**

consider는 규칙 변화를 일으키는 동사입니다. 의미상 모든 시제 변화가 다 어울리는 문장입니다.

## He **has been considered** one of the hot writers.

그는 이제껏 인기 작가로 여겨져 왔다. (그래서 지금 이런 대우를 받는 거지.)

## He **will be considered** one of the hot writers.

그는 앞으로 분명히 인기 작가가 될 거야.

## He **will have been considered** one of the hot writers by that time.

그는 그때쯤이면 이미 인기 작가 중 한 사람으로 여겨지고 있을 거야.

He **should be considered** one of the hot writers.

그는 내 생각에는 인기 작가 중 한 명으로 여겨질 거야. (난 그렇게 기대해.)

미래완료 수동태인 'will have been p.p.' 구문은 '미래의 어느 시점에는 이미 ~의 상태가 되어 있을 것이다'라는 뜻을 갖습니다. should는 기대감이 동반된 미래의 추측입니다.

---

**전치사구로 확장**

He's considered one of the hot writers **in foreign countries**.

그는 지금 외국에서는 인기 작가로 여겨지고 있다.

He's considered one of the hot writers **among critics**.

그는 비평가들 사이에서는 인기 작가로 여겨지고 있다.

---

**접속사절로 확장**

He's considered one of the hot writers **because two of his books have been made into movies**.

그는 책 두 권이 영화로 만들어졌기 때문에 인기 작가로 여겨지고 있다.

He's been considered one of the hot writers **after his books sold out**.

그가 발표한 책들이 모두 매진된 이후부터 그는 인기 작가로 여겨져 왔다.

038

# He is approached by her.

**그는 지금 그녀가 접근한 상태야.**

타동사 approach는 '~에게 접근하다', '~에게 다가가다' 등의 의미입니다. be approached는 '누군가에 의해서 이미 접근된 상태이다'라는 뜻입니다. by her에서 her는 '접근한 사람'을 의미하지요. approach는 타동사일 뿐 아니라 '접근하다'라는 의미의 자동사로도 쓰입니다. The next train is approaching.은 "다음 열차가 접근해 들어오고 있습니다."라는 의미입니다.

**수 일치**

이 문장에서의 수의 일치는 3인칭 단수 주어인 He 다음에 나오는 be동사의 형태로만 존재합니다. be동사 다음에는 절대로 동사가 나오지 않는다는 사실도 기억해야 합니다. 글을 쓸 때나 말할 때 가장 자주 틀리는 부분입니다. approached는 동사가 아니라 과거분사, 즉 형용사입니다.

**He is** approached by her.

그는 지금 그녀가 접근한 상태야.

**They are** approached by the police.

그들은 경찰의 접근을 받았다.

**I am** approached by someone in a business suit.

나는 지금 양복을 입은 누군가가 가까이 접근해온 상태이다.

과거분사의 품사가 형용사라는 사실을 수도 없이 설명 들어도 기억에 오래 남지 않는 이유는 지속적으로 영어 문장을 보면서 발음 연습을 하지 않기 때문입니다. 언어를 잘하게 되기 위해서는 올바른 학습 이후의 지속적인 연습이 필수입니다.

**태의 변환**

He is approached by her.는 수동태 문장입니다. 주어인 He의 현재 상태를 말하고 있습니다. 만일 그에게 접근한 그녀의 동작을 강조하고 싶으면 능동태 문장을 이용합니다.

## She **approached** him.

그녀가 그에게 다가갔다.

## She **approached** the bank slowly.

그녀는 천천히 은행으로 다가갔다.

## She **approached** the entrance to the parking lot.

그녀는 주차장 입구로 다가갔다.

과거분사는 과거의 의미를 포함하는 형용사입니다. 그래서 '이미 ~의 상태인'의 뜻을 갖습니다. He is approached by her.는 "그는 지금 이미 그녀에 의해서 접근된 상태이다."가 속뜻입니다. 따라서 능동태로 바뀌면 시제가 과거로 바뀌게 됩니다.

**시제 변화**

과거분사가 쓰여서 모든 시제에 활용이 가능한 문장입니다.

## He **was approached** by her.

그는 그녀가 다가간 상태였어.

## He **has been approached** by her.

걔는 지금 이미 그녀가 접근한 상태야. (그래서 위험해.)

## He **will be approached** by her.

그는 그녀의 접근을 받게 될 거야.

She **told** me he **would be approached** by her.
그녀의 말로는 그는 그녀가 접근하게 될 것이라던데.

위 예문과 같이 과거 시제가 주도하는 문장에서 will이 would로 바뀌는 현상에 주목해야 합니다.

---

**전치사구로 확장**

He is approached by her **in the park.**
그는 지금 공원에서 그녀의 접근을 받은 상태이다.

He is approached by her **right after dark.**
그는 날이 어두워진 직후에 그녀가 접근한 상태이다.

---

**접속사절로 확장**

He is approached by her **while strolling in the park.**
그는 공원을 거니는 동안 그녀가 접근한 상태이다.

He is approached by her **as soon as they disappeared.**
그는 그들이 사라지자마자 그녀가 접근한 상태이다.

039

# They are both deeply affected by the breakup.

**그들은 이별로 인해서 둘 다 이미 깊이 충격을 받은 상태야.**

타동사 affect는 '~에게 영향을 주다', '~에 충격을 주다', '~에게 병이 나게 하다' 등을 뜻합니다. 활용도가 높은 어휘이지만 사실 우리에게는 그다지 익숙하지 않은 어휘이기도 합니다. both는 '둘 다'라는 의미의 한정사이자 대명사이지요. deeply는 '깊이', breakup은 '이별', '별거', '파탄' 등의 의미를 갖습니다.

**수 일치**

동사의 수 일치, 특히 be동사의 수 일치를 허투루 볼 일은 아닙니다. '단정적 사실의 전달'을 뜻하는 be동사의 의미와 더불어 단순해 보이는 수의 일치에 절대 오류가 생기지 않도록 주의해야 합니다. 대명사에 해당되는 both는 복수입니다.

**They are both** deeply affected by the breakup.

그들은 둘 다 이별로 인해서 깊이 충격을 받은 상태다.

**Both of them are** deeply affected by the breakup.

그들 둘 다 이별로 인해서 깊이 충격 받았다.

**Most of them are** deeply affected by the breakup.

그들 대부분이 그 이별 때문에 깊이 충격을 받았다.

both of them, most of them 둘 다 복수로 받습니다. 여럿 중의 일부가 단수인지 복수인지를 정확히 판단할 수 있어야 합니다.

**태의 변환**

They are both deeply affected by the breakup.은 수동태 문장입니다. 그들의 현재 상태를 말하고 있죠. 하지만 이별이 그들에게 끼친 동작을 강조하고 싶으면 능동태 문장을 이용하게 됩니다.

## The breakup **affected them both** deeply.

그 이별이 그들 둘 다에게 큰 충격을 주었다.

## How could their breakup **affect you** so deeply?

어떻게 그들의 이별이 당신에게 그렇게까지 큰 충격을 줄 수 있는 거지?

## It **affected the volatile relationship** between them.

그것이 그들 사이의 불안한 관계에 영향을 주었다.

동사 affect는 수동태에 즐겨 사용된다고 말하지만 능동태에서도 매우 자연스럽게 자주 사용됩니다. 말하는 사람의 의도에 따라서 태의 변화는 얼마든지 일어날 수 있는 겁니다. 형용사 volatile은 '상황이나 관계가 불안한 상태인'이라는 의미입니다.

---

**시제 변화**

수동태에 현재 시제가 쓰이더라도 수동태의 핵심인 과거분사에 이미 '과거'의 의미가 포함되어 있으므로 매우 세밀한 이해와 해석이 필요합니다.

## They **were** both deeply **affected** by the breakup.

그들은 둘 다 이별 때문에 이미 충격을 받은 상태였어.

## They **have been** both deeply **affected** by the breakup.

그들은 이별로 인해서 이미 둘 다 깊이 충격 받은 상태야. (그래서 지금 저렇게 넋이 빠져 있는 거야.)

They **will be** deeply **affected** by the breakup.
그들은 헤어지고 나서 몹시 충격을 받을 거야.

They **will have been** deeply **affected** by the breakup.
그들은 그 이별로 인해서 이미 깊이 충격을 받은 상태일 거야.

낯선 문장을 익숙해지게 만드는 방법은 많이 읽는 방법밖에 없습니다. 'will have been p.p.' 형태인 미래완료 시제의 해석에 주의하십시오.

---

**전치사구로 표현**

They are both deeply affected **by this accident**.
그들은 둘 다 이 사고로 깊은 충격을 받았다.

They are both affected **by this dreadful disease**.
그들은 둘 다 이 끔찍한 병에 걸렸다.

---

**접속사절로 표현**

They are both **so** deeply affected **that nobody could strike up a conversation with them.**
그들은 둘 다 깊이 충격을 받아서 아무도 그들에게 말을 걸 수가 없을 거야.

They are both deeply affected **because their invitation has been flatly refused**.
그들은 자신들의 초대가 단호히 거절되었기 때문에 지금 둘 다 깊이 충격을 받은 상태이다.

040

# He is described as a pseudointellectual.

**그는 사이비 지식인으로 묘사된다.**

타동사 describe는 '~을 묘사하다', '~을 …로 묘사하다' 등의 의미를 갖습니다. be described as ~는 '~로 묘사되다'의 뜻이지요. 접두어인 pseudo-는 '가짜인'이라는 의미이며, intellectual은 '지식인', '식자' 등의 의미를 갖습니다.

**수 일치**

셀 수 있는 명사에는 반드시 정확한 수 개념이 적용됩니다. 명사가 하나임을 명시할 때, 또는 불특정한 대상을 가리켜 '어떤'이라는 의미를 전할 때는 반드시 a나 an을 명사 앞에 써야 합니다. 물론 명사가 두 개 이상임을 가리킬 때는 그 명사의 복수형을 쓰지요.

**He is** described as **a pseudointellectual.**

그는 사이비 지식인으로 묘사된다.

**They are** described as **pseudointellectuals.**

그들은 사이비 지식인들로 묘사되고 있다.

**The poets are** described as **pseudointellectuals.**

그 시인들은 사이비 지식인들로 묘사된다.

주어가 대명사가 아닌 일반 명사일 때 특히 수에 신경 써야 합니다. 문법의 내용을 이해하기 이전에 형식에서 오류를 범해서는 절대 안 됩니다.

**태의 변환**

He is described as a pseudointellectual.은 수동태 문장입니다. '그'의 '현재 상태'를 말하고 있습니다. 그를 사이비 지식인으로 묘사하는 사람을 강조하고 싶으면 능동태 문장을 이용합니다.

They **describe** him as a pseudointellectual.

그들은 그를 사이비 지식인으로 묘사한다.

Nobody **describes** him as a pseudointellectual.

아무도 그를 사이비 지식인으로 묘사하지는 않는다.

I have no idea why people **describe** him as a pseudointellectual.

나는 왜 사람들이 그를 사이비 지식인으로 묘사하는지 모르겠어.

능동태를 사용할 것인지 수동태를 사용할 것인지는 화자의 일관성 있는 화법에 의존합니다. 태를 잘 다루는 사람은 말을 아주 잘하거나 글을 잘 쓰는 사람입니다.

---

**시제 변화**

모든 시제가 다 적용될 수 있는 문장입니다. 시제를 주도하는 품사는 동사입니다. 시제는 문장의 의미에 결정적인 역할을 하지요. 따라서 동사의 변화에 주목해야 합니다.

He **was described** as a pseudointellectual.

그는 과거에 사이비 지식인으로 묘사되었어.

He **has been described** as a pseudointellectual.

그는 지금까지 사이비 지식인으로 묘사되고 있지.

He **will be described** as a pseudointellectual.

그는 앞으로 사이비 지식인으로 묘사될 거야.

He **will have been described** as a pseudointellectual by that time.

그는 그때쯤 이미 사이비 지식인으로 묘사되고 있을 거야.

현재완료와 미래완료, 즉 완료 시제의 의미에 신경 써야 합니다. 미래완료는 '그때는 이미 ~의 상태일 것이다'라는 뜻입니다.

---

**전치사구로 확장**

He is described as a pseudointellectual **by critics**.

그는 비평가들에 의해서 사이비 지식인으로 묘사되고 있다.

He is described as a pseudointellectual **in the thesis**.

그는 그 논문에 사이비 지식인으로 묘사되어 있다.

---

**접속사절로 확장**

He is described as a pseudointellectual **because he has been acting that way**.

그는 지금껏 그렇게 행동해왔기 때문에 사이비 지식인으로 묘사되고 있는 것이다.

He is described as a pseudointellectual **because he doesn't match his words with deeds**.

그는 언행이 일치하지 않기 때문에 사이비 지식인으로 묘사됩니다.

041

# I'm not allowed to send an e-mail.

**나는 이메일을 보내지 못하게 되어 있어.**

타동사 allow는 '~을 허락하다'라는 의미입니다. allow A to+동사원형의 형태로 쓰이면 'A가 ~를 하도록 허락하다'가 되지요. be allowed to는 '~하도록 허락되다'입니다. 따라서 '~을 해도 되다'로 의역합니다. 동사 send는 '~을 보내다'라는 의미라서 send an e-mail은 '이메일을 보내다'로 이해합니다.

**수 일치**

명사 e-mail은 셀 수 있는 명사입니다. 그래서 an e-mail, e-mails 등으로 표시합니다. e-mail은 동사로도 쓰여서 '이메일을 보내다'라는 의미를 갖습니다.

## I'm not allowed to send **an e-mail**.

나는 이메일을 보내는 게 허락되어 있지 않아.

## I have **an e-mail** from him.

그에게서 이메일을 받았어.

## Why do you ignore my **e-mails**?

내가 이메일을 보내면 왜 보지도 않고 무시해버리는 거예요?

have an e-mail from은 '~에게서 이메일을 받다'라는 뜻입니다. 받아서 가지고 있다는 겁니다. 동사 ignore은 '~을 무시하다', '~을 거들떠보지 않다' 등을 뜻합니다. 따라서 ignore e-mails는 '이메일을 읽지도 않고 무시해버리다'로 이해합니다.

**태의 변환**

I'm not allowed to send an e-mail.은 수동태 문장입니다. 내가 처한 상태를 의미하지요. 내게 허락하는 사람을 중심으로 말하려면 능동태 문장을 이용합니다.

They **don't allow** me to send an e-mail.

그들은 내가 이메일을 보낼 수 있도록 허락하지 않는다.

He **allowed** me to work from home.

그는 내가 재택근무를 할 수 있도록 허락해 주었다.

She **allowed** any neighbor to eat at half price.

그녀는 이웃 사람은 누구든 반값에 식사하도록 허락했다.

work from home은 '재택근무를 하다'라는 의미입니다. work at home은 '집에서 일하다'이지요. 재택근무와는 전혀 상관없이 그냥 집에서 무슨 일이든 아무 일이나 한다는 겁니다. 전치사로 인해서 구별되는 이런 표현을 절대 혼동해서는 안 됩니다.

**시제 변화**

동사 allow의 3단 변화는 allow-allowed-allowed입니다. 현재분사형은 allowing이지요.

I **wasn't allowed** to send an e-mail.

그때 나는 이메일도 보낼 수 없는 그런 위치였어.

I **haven't been allowed** to send an e-mail.

난 이메일을 보내는 것조차 허락되지 않은 상태였어, 그동안. (그래서 지금 나도 미치겠어.)

I **won't be allowed** to send an e-mail.

내겐 이메일을 보내는 것도 허락되지 않을 거야.

**I wouldn't be allowed** to send an e-mail.

(상황을 보아하니) 내가 이메일을 보내는 건 허락되지 않는 일일 거야.

무심코 외웠던 문법이나 단어의 의미가 선명하게 부각되어야 합니다. 그래야 문장의 완전한 해석이 이루어집니다. 대강 하는 해석에서 정확히 하는 해석으로 바뀌는 겁니다.

---

**전치사구로 확장**

I'm not allowed to send an e-mail **as a penalty**.

벌칙으로 나는 이메일을 보낼 수가 없게 되어 있어.

I'm not allowed to send an e-mail **without permission**.

나는 허락 없이는 이메일을 보낼 수 없어.

---

**접속사절로 확장**

I'm not allowed to send an e-mail **once I take off**.

나는 일단 퇴근하면 이메일을 보내지 못하게 되어 있어.

I'm not allowed to send an e-mail **after the incident has happened**.

그 사건이 일어난 이후로 나는 이메일을 보내지 못하도록 제재를 받고 있어.

# I am frustrated by the erosion of our values.

**나는 우리 가치관의 부패로 인해서 좌절감을 느낀다.**

타동사 frustrate는 '~에게 좌절감을 주다', '~을 짜증 나거나 화나게 만들다' 등의 의미입니다. be frustrated는 '좌절하다', '짜증 나다', '화나다' 등으로 이해하지요. 명사 erosion은 '부식', '부패', '타락', '붕괴' 등을 뜻하며, values는 '가치관'을 의미합니다. 따라서 the erosion of our values는 '우리 가치관의 부패'입니다.

**수 일치**

명사 erosion은 셀 수 없는 명사입니다. 반면에 value는 '가치'를 뜻하고, 복수형인 values는 '가치관'을 뜻하지요. 복수형으로 쓰일 때 별도의 의미를 갖게 되는 명사는 반드시 기억해 두어야 합니다.

I am frustrated by **the erosion** of our **values.**

나는 우리 가치관의 부패 때문에 좌절감이 느껴져.

You need to teach **values** to **children**.

아이들에게 가치관을 가르쳐야 합니다. (그럴 필요가 있어요.)

I can't stand **the erosion** of our **liberties.**

나는 우리의 합법적인 자유의 붕괴를 참고 견딜 수가 없어요.

추상명사의 활용은 의미적으로나 수의 일치의 면에서 혼란스러울 수 있습니다. 정확한 의미의 이해가 필요합니다. '자유'인 liberty는 일반적으로는 셀 수 없는 추상명사이지만, '합법적인 권리로서의 자유'라는 의미로 쓰일 때는 복수형이 가능합니다. 그런 자유는 여러 종류가 있기 때문입니다.

**태의 변환**

I am frustrated by the erosion of our values.는 수동태 문장입니다. 나의 상태를 말하고 있습니다. 하지만 나를 좌절시킨 '부패'를 강조할 때는 능동태 문장을 씁니다.

## **The erosion** of our values **frustrated** me.

우리 가치관의 부패가 나를 좌절시켰다.

## Don't let anybody **frustrate** you.

누가 무슨 말을 하든 화를 내거나 좌절감을 느끼지 마.

## You **frustrate** me.

넌 늘 사람을 짜증 나게 하고 힘들게 하니.

의역은 정확한 직역을 할 수 있어야 가능합니다. 직역이 갖는 의미를 벗어나지 않으면서 자연스러운 의역이 필요하기 때문입니다.

**시제 변화**

동사 frustrate의 3단 변화는 frustrate-frustrated-frustrated입니다. 그리고 현재분사형은 frustrating입니다.

## I **am being frustrated** by the erosion of our values.

내가 지금 우리 가치관의 타락 때문에 좌절하고 있잖아.

## I **was frustrated** by the erosion of our values.

난 우리 가치관의 타락 때문에 정말 좌절했어.

## I **have been frustrated** by the erosion of our values.

난 우리 가치관의 타락 때문에 화가 나서 지금 이러고 있는 거란 말이야.

I **couldn't help being frustrated** by the erosion of our values.

난 우리 가치관의 타락 때문에 좌절할 수밖에 없었어.

의미에 따라 적용이 불편한 시제들이 있습니다. 의미를 무시한 시제 적용은 해서는 안 됩니다. 'couldn't help+-ing'는 '~을 할 수밖에 없었다'라는 뜻입니다.

---

**전치사구로 표현**

I am frustrated **with myself**.

나는 나 자신이 정말 짜증 나고 싫어.

I am frustrated **at the news**.

나는 그런 뉴스 들으면 정말 짜증 나고 화난다.

---

**접속사절로 표현**

I am frustrated **I'm not able to do it**.

나는 내가 그 일을 할 능력이 안 된다는 사실에 정말 짜증 나고 좌절감이 느껴져.

I am **so** frustrated **that I want to hit the bathroom and cry**.

너무 짜증 나서 화장실에 가서 울고 싶다, 정말.

043

# You're expected to pose questions of your own.

**자신이 오랫동안 고민해왔던 질문들을 해야 합니다.**

타동사 expect는 expect A to+동사원형의 형태로 'A가 ~을 하기를 기대하다', 'A가 ~을 하기를 요구하다' 등의 의미를 전합니다. 따라서 be expected to의 형태가 되면 '~하는 것이 기대되다', '~을 할 것이 요구되다' 등의 뜻을 갖게 되지요. 이것을 흔히 '~을 해야 하다'로 의역합니다. 하지만 여기에는 '기대'와 '요구'가 바탕이 된다는 사실을 반드시 기억해야 합니다. pose questions는 단순히 '질문들을 하다'가 아닙니다. '질문의 답이 쉽지 않아서 오랜 시간 신중하게 생각한 후에 답을 해야 하는 질문들을 하다'가 바로 pose questions입니다. 그렇다면 질문하는 입장에서도 그 답을 얻기 위해서 오랫동안 고민한 흔적이 엿보이는 질문일 수밖에 없죠. of one's own은 '자신의', '독자적인' 등으로 이해합니다.

**수 일치**

질문이 한 개라면 당연히 pose a question이라고 합니다. 상황에 따라서 a question과 questions의 선택이 정확해야 합니다. pose question이 되지 않도록 주의하세요.

**You're** expected to pose **questions** of your own.

자신만의 깊이 있는 질문들을 해야 합니다.

**He poses questions** of his own.

그는 평소에 자기가 오랫동안 고민해왔던, 답이 쉽지 않은 질문들을 하지.

## **I have** no **questions** to pose of my own.

난 깊이 생각해서 답해야 할 질문들은 전혀 없어.

pose questions of one's own을 묶어서 이해해야 하기 때문에 쉽지 않습니다.

---

**태의 변환**

You're expected to pose questions of your own.은 수동태 문장입니다. 당신의 상태를 말하지요. 누군가가 당신에게 그것을 요구한다고 말한다면 능동태 문장이 필요합니다.

## He **expects** you to pose questions of your own.

그는 당신이 오랫동안 고민해온 깊이 있는 질문들을 하기를 기대합니다.

## Do you **expect** me to work here?

나더러 여기에서 일하라고요?

## Nobody **expects** him to show up in time.

아무도 그가 제시간에 모습을 드러낼 것이라고 기대하지 않는다.

태에 대한 정확한 통제력을 가지고 있어야 상황에 맞는 문장의 구사는 물론 이야기의 흐름에 맞는 문장을 말할 수 있게 됩니다.

---

**시제 변화**

2인칭 be동사의 3단 변화는 are-were-been이고 원형은 be입니다. 아차 하는 순간에 실수하지 않도록 다양한 문장들의 습득이 필요합니다.

## You **were expected** to pose questions of your own.

넌 네가 오랫동안 고민해온 그런 질문들을 했어야 했던 거야.

You **have been expected** to pose questions of your own.

너는 너만의 고민이 바탕이 된 질문들을 했어야 했어. (네가 그러지 못해서 지금 다들 당황한 거지.)

You **will be expected** to pose questions of your own.

넌 분명 네가 오랫동안 품어왔던 깊이 있는 질문들을 해야 될 거야.

You **would be expected** to pose questions of your own.

(이런 경우라면 당연히) 네 스스로 늘 깊이 생각해온 질문들을 할 거라고 예상들 하겠지.

---

**전치사구로 표현**

You are expected to pose questions **in the class**.

그 수업 시간에는 진지한 답을 원하는 질문들을 해야 해.

You are expected to pose questions **about life and death**.

삶과 죽음에 대한 질문들을 하면 되는 거야.

---

**접속사절로 표현**

You are expected to pose questions **that have tortured you for a long time**.

오랫동안 너를 괴롭혀왔던 질문들을 하면 돼.

You are expected to pose questions **that cause us to ponder to answer**.

우리가 곰곰이 생각해서 대답해야 할 깊이 있는 질문들을 하면 되는 거야.

044

# We are being punished.

**우리는 지금 벌을 받고 있는 거야.**

타동사 punish는 '~을 처벌하다', '~을 벌주다' 등의 의미입니다. be punished는 '벌을 받다'란 뜻이지요. 형용사의 진행형을 만들 때 필요한 being이 포함되어 be being punished가 되면 '지금 처벌을 받고 있다'는 의미를 전하게 됩니다. 또한, 상황에 따라서는 진행형이 미래의 의미를 전할 수 있기 때문에 '곧 처벌을 받게 될 것이다'라는 의미로도 이해될 수 있습니다.

**수 일치**

세상에 당연한 건 없습니다. 특히 영어를 학습하면서 당연하다고 말할 수 있는 건 단 하나도 없습니다. 모든 것이 새롭고, 모든 것이 자극적이어야 합니다. 새로운 문장들에 적용된 법칙들은 늘 새롭게 단련해야 하는 것들입니다. 어느 순간 그것들이 자연스러워져서 새로운 문장들을 만나도 편안해질 때 그 때 비로소 영어가 자기 것이 되기 시작하는 겁니다. 그 과정 속에 자만은 없습니다. 늘 새로움으로 충전되어야 합니다.

**We are** being punished.

우리는 지금 벌을 받고 있는 거야.

**I am** being punished.

나 지금 벌 받고 있어.

**That country is** being punished.

그 나라는 지금 벌을 받고 있는 거야.

수동 진행형(are punished + being)이라는 말은 문법 형태 중심의 어휘입니다. 수동의 핵심은 '과거분사(punished)'의 사용입니다. 과거분사는 '이미 어떤 상태에 놓여 있는'이란 의미를 갖는 과거 시제 함유 형용사입니다. 따라서 의미적으로 보면, 수동 진행형은 '과거분사 형용사의 진행형'을 뜻합니다.

---

**태의 변환**

We are being punished.는 수동태 문장입니다. 우리가 지금 현재 놓인 상태를 말하지요. 하지만 우리를 벌하는 주체를 강조할 때는 능동태 문장을 사용합니다.

## He's **punishing** us.

지금 그가 우리를 벌하고 있는 거야.

## They will **punish** you if you don't follow the instructions.

네가 그 지시를 따르지 않으면 그들이 너를 벌할 거야.

## She can't **punish** you for that.

그녀가 그것 때문에 너에게 벌을 줄 수는 없어.

동사 follow는 '~을 따르다'라는 뜻이고, instructions는 '지시', '명령' 등을 의미합니다. 따라서 follow the instructions는 '지시에 따르다'라는 뜻이 됩니다.

---

**시제 변화**

punish의 3단 변화는 punish-punished-punished로 규칙 변화입니다. 3단 변화의 모든 형태를 다양한 문장 속에서 직접 활용할 수 있는 능력을 길러야 합니다.

We **were being punished**.

그때 우린 벌을 받는 중이었어.

We **will be punished**.

우리는 처벌 받게 될 거야.

We **would be punished**.

(그동안의 정황으로 보건대) 우리도 벌을 받게 되겠지.

We **could be punished**.

(이런 상황이라면) 우린 벌을 받을 가능성이 있지.

would와 could는 과거의 경험, 또는 현재의 상황을 근거로 해서 미래를 말한다는 면에서 같습니다.

---

**전치사구로 확장**

We are being punished **for what we have said**.

우린 지금 우리가 했던 말 때문에 벌을 받고 있는 거야.

We are being punished **instead of him**.

우리는 지금 그 애 대신에 벌을 받고 있는 거야.

---

**접속사절로 확장**

We are being punished **because we have not kept our promises**.

우리가 약속을 지키지 않아서 지금 벌을 받고 있는 거지.

We are being punished **because we have lied**.

우리가 거짓말을 했기 때문에 지금 벌을 받고 있는 거라니까.

045

# My mind is made up.

**난 이미 결심한 상태야.**

make up은 '없던 것을 새로 만들어내다'라는 의미입니다. 그래서 make up one's mind는 '그동안 없던 생각(mind)을 새로 만들어내다'가 되어 '결심하다'로 해석되지요. be made up은 '새롭게 만들어지다'라는 의미입니다.

**수 일치**

mind는 3인칭 단수입니다. '생각'을 뜻하지요. 물론 '마음'으로 해석하기도 합니다. 뒤에 이어지는 be동사의 현재형은 is입니다. 명사 mind의 복수형은 minds입니다.

## **My mind is** made up.

내 결심은 이미 선 상태야.

## **Their minds are** made up.

그들의 결심은 이미 선 상태야.

## **Whose mind is** made up?

누가 결심이 선 상태라는 거야?

대명사 who의 소유격은 whose입니다. 따라서 '누구의 생각', 또는 '누구의 마음'은 whose mind가 됩니다. 역시 단수로 받습니다.

**태의 변환**

My mind is made up.은 수동태 문장입니다. '내 생각'에 초점을 맞추어 말하고 있는 문장입니다. 만일 '나' 중심으로 말하고 싶다면 능동태 문장을 쓰면 됩니다. 수동태 문장의 주어인 my mind가 능동태 문장에서는 목적어 자리에 위치합니다.

I **made up** my mind.

난 결심했어.

She **made up** her mind too.

그녀도 결심했던데.

I still **couldn't make up** my mind.

난 여전히 결심할 수가 없었어.

My mind is made up.에는 현재 시제 is가 쓰였습니다. '지금 내 생각이나 마음의 상태'를 말하지요. 그런데 동작동사 make의 과거분사 made에는 '과거'의 의미가 포함됩니다. '이미 만들어진 상태'입니다. 현재의 마음 상태를 말하고 있지만 결심은 이미 과거에 이루어졌다는 것입니다. 이 문장이 능동으로 바뀌면 make가 주동사로 바뀌면서 주어의 '동작'이 강조되지요. 내가 결심을 한 동작은 '지금'이 아니라 '과거'였기 때문에 동사의 과거형을 쓰는 겁니다. 따라서 수동태의 현재 시제에 맞춘 I make up my mind.가 아니라 I made up my mind.가 맞습니다.

---

**시제 변화**

수동태의 해석은 시제에 따라서 매우 정확하게 이루어져야 합니다. 과거분사 자체에 '과거'의 의미가 포함되어 있기 때문입니다.

My mind **was made up**.

그때 내 결심은 이미 선 상태였어.

My mind **has been made up**.

내 마음은 이미 다 정해진 상태야. (그래서 난 지금 편해.)

My mind **will be made up** soon.
곧 결심할 거야.

is는 '현재의 상태'만을, has been은 '과거에 결정된 일이 현재까지 영향을 끼치고 있음'을 말합니다.

---

**전치사구로 확장**

My mind is made up **on this**.
이 문제에 대해서 제 결심은 이미 선 상태입니다.

**As for the project,** my mind is made up.
그 프로젝트에 대해서라면, 내 마음은 이미 정해졌어.

---

**접속사절로 확장**

My mind is made up, **but I need your help**.
내 마음은 정해졌지만 난 너의 도움이 필요해.

My mind is made up, **and I'll leave tomorrow.**
내 마음은 정해졌고 난 내일 떠날 거야.

# The price is reduced from £340 to £120.

**가격이 340파운드에서 120파운드로 할인된 상태다.**

타동사 reduce는 '~을 줄이다', '가격을 낮추다' 등을 뜻합니다. 접두사인 re-는 back을 의미하지요. 뒤로 돌아가는 거죠. 어근인 -duce는 bring 또는 lead를 뜻합니다. 결국 어원으로 볼 때 reduce는 '뒤로 가져가다'가 되고 '예전의 정도와 상태로 줄이다', '예전의 가격으로 낮추다' 등의 느낌을 전하게 되는 겁니다. 이것을 보통 '줄이다', '낮추다' 등으로 가볍게 해석하는 것입니다. be reduced는 '줄어들다', '할인되다' 등을 뜻하며, from A to B는 'A에서 B로'라는 뜻입니다.

**수 일치**

물론 the price는 단수입니다. 하지만 뒤에 be동사가 연음되면서 축약되어 들을 때 자칫 the price's가 복수로 들릴 수 있습니다. 주의해야 합니다.

**The price is** reduced from £340 to £120.

가격이 340파운드에서 120파운드로 낮춰진 상태야.

**The prices** of the products **are** reduced from £340 to £120.

그 상품들의 가격이 340파운드에서 120파운드로 낮아졌어.

**The prices are** much lower than the catalogs.

가격이 카탈로그에 있는 것보다 훨씬 낮다.

비교급(lower)을 강조할 때는 앞에 much를 사용합니다. 따라서 much lower than이라고 하면 '~보다 훨씬 낮은'을 뜻합니다.

**태의 변환**

The price is reduced from £340 to £120.은 수동태 문장입니다. 가격의 상태를 강조한 문장이지요. 만일 누가 가격을 줄였는지를 강조하고 싶으면 능동태 문장을 씁니다.

## They **reduced** the price from £340 to £120.

그들이 가격을 340파운드에서 120파운드로 내렸어.

## Let me know who **reduced** the price from £340 to £120.

누가 가격을 340파운드에서 120파운드로 낮춘 건지 알려줘봐.

## They decided to **reduce** the price by 50 percent.

그들은 가격을 50%까지 할인하기로 결정했다.

글에서든 말에서든 수동태와 능동태의 선택은 순간순간 자연스럽게 변형해 사용해야 합니다. 물론 장문의 글에서는 태의 선택이 치밀하게 짜여야 하지만, 가벼운 말과 글에서는 순간순간 말의 의도에 따라서 자연스럽게 변하게 되어 있습니다.

**시제 변화**

reduce의 3단 변화는 reduce-reduced-reduced입니다. 과거의 의미와 과거분사의 의미를 혼동하지 않도록 정확히 기억해 두세요.

## The price **was reduced** from £340 to £120.

가격이 340파운드에서 120파운드로 낮아졌더라고.

## The price **has been reduced** from £340 to £120.

가격이 340파운드에서 120파운드로 낮아졌잖아. (그래서 지금 이렇게 인기 있는 거야.)

The price **will be reduced** from £340 to £120.
가격이 340파운드에서 120파운드로 떨어질 거야.

The price **should be reduced** from £340 to £120.
가격은 340파운드에서 120파운드로 떨어져야 해. (그게 좋아.)

문장의 의미 이해에 결정적 영향을 주는 문법이 시제입니다. 단순히 과거, 현재완료, 미래가 아니라 그 속뜻들을 놓치지 않도록 주의해야 합니다.

---

**전치사구로 표현**

The price is reduced **for the time being.**
가격은 당분간 할인된 상태입니다.

The price is reduced **for the first time in years.**
가격은 수년만에 처음으로 낮아졌어.

---

**접속사절로 표현**

The price is reduced **as we have expected.**
우리가 그동안 예상했듯이 가격은 내렸네요.

The price is reduced **after they have officially talked.**
그들이 공식적으로 대화를 나눈 후에 지금은 가격이 내린 상태입니다.

047

# Lights are adjusted.

**조명은 잘 조정된 상태이다.**

타동사 adjust는 '~을 조정하다' 또는 '~을 조절하다'라는 뜻입니다. light는 '전등'의 뜻으로 쓰이고 있습니다. 조명은 여러 개의 전등을 이용하는 것이므로 복수형 lights를 이용해서 흔히 말하지요. 따라서 adjust lights는 '조명을 조절하다'라는 뜻이 됩니다.

**수 일치**

'빛'의 의미로 쓰이는 light는 셀 수 없는 명사입니다. 하지만 이 표현에서는 '전등'이라는 셀 수 있는 명사로 쓰이고 있습니다. 따라서 lights라는 복수형이 가능한 것입니다. 주어에 따른 be동사의 선택은 항상 실수가 유발되는 부분입니다. 주어가 단수인지 복수인지 정확히 확인해서 be동사를 선택하도록 주의해야 합니다.

## **Lights are** adjusted.

조명은 다 맞춰진 상태야.

## **One of the lights is** not properly adjusted.

전등들 중 하나가 제대로 조절되어 있지 않은 상태야.

## **Every light is** well-adjusted.

조명 하나하나가 잘 조정되어 있는 상태야.

every는 단수로 취급합니다. 따라서 lights가 아닌 light가 나왔고 뒤이어 is로 받은 것입니다.

**태의 변환**

Lights are adjusted.는 수동태 문장입니다. lights의 상태가 강조된 문장이지요. 조명을 조절하는 사람을 강조하고 싶을 때는 능동태 문장이 필요합니다.

## They **have adjusted** lights.

그들이 조명을 이미 조절해 놓았어.

## Can you **adjust** lights?

조명을 좀 조절해 주겠어요?

## I asked you to **adjust** lights, didn't I?

내가 조명을 좀 조절해 달라고 부탁했잖아, 안 그래?

Lights are adjusted.는 조명이 이미 조절되어 있는 상태를 말합니다. 이 표현을 능동으로 바꾸어 '이미 조절해 놓았다'라는 느낌을 전하려면 과거에 일어난 일이 현재까지 유효함을 의미하는 현재완료 시제를 이용해야 합니다. 일반적인 태의 변환에서는 시제가 변하지 않지만 이런 경우는 예외입니다.

**시제 변화**

현재 시제, 특히 be동사가 쓰이면 '주어가 처한 현재의 단정적인 상태'를 말합니다. 100%의 확실성을 말하는 것입니다. 만일 be동사의 과거 시제가 쓰였다면 당연히 '과거의 단정적인 상태'를 말하게 됩니다.

## Lights **were adjusted.**

조명은 다 조절된 상태였어.

## Lights **have been adjusted**.

조명은 이미 다 조절된 상태야.

Lights **will be adjusted.**

조명은 조정될 거야.

Lights **are going to be adjusted.**

조명은 분명히 조절될 거니까 걱정하지 마.

과거는 과거로 끝나지만 현재완료는 과거에 있었던 일이 현재의 결과로 완료됩니다. 그 상황에 맞춘 적절한 의역이 필요합니다.

---

**전치사구로 확장**

Lights are adjusted **according to the manual.**

설명서에 따라 조명이 맞춰졌다.

Lights are adjusted **under his instructions.**

그의 지시하에 조명이 맞춰졌다.

---

**접속사절로 확장**

Lights are adjusted **so we can start right away.**

조명이 다 준비되었으니 바로 시작하면 돼.

Lights are not adjusted **so you'll have to wait another hour.**

조명이 아직 준비 안 돼서 한 시간은 더 기다리셔야 됩니다.

# Why's your mobile turned off?

**왜 네 휴대전화가 꺼져 있는 거야?**

타동사 turn을 이용한 turn something off는 '~을 끄다'라는 의미입니다. be turned off는 '꺼져 있는 상태이다'가 되지요. mobile은 영국에서 사용하는 '휴대전화'를 지칭하는 어휘입니다. 미국에서는 cell phone이라고 하지요. 물론, 영국인은 cell phone의 의미를, 미국인은 mobile의 의미를 정확히 알고 있습니다. Why is는 축약되어 Why's가 됩니다. 대화에서는 굳이 be동사를 크게 발음할 필요가 없기 때문에 축약되는 겁니다.

**수 일치**

의문문으로 들어가면 수의 일치가 다시 혼란스러워질 수 있습니다. 익숙하지 않은 문장이 등장하면 이전까지 학습했던 체계와 기억의 흐름이 갈피를 못 잡게 되지요. 아직 학습이 쌓이지 않아서 그렇습니다. your mobile은 단수입니다. 따라서 be동사는 is이어야 합니다.

## Why**'s your mobile** turned off?

왜 네 휴대전화가 꺼져 있는 거야?

## Why **are the mobiles** turned off?

왜 휴대전화들이 모두 다 꺼져 있는 겁니까?

## Tell me why **the mobile is** turned off.

왜 그 휴대전화가 꺼져 있는지 말해줘.

단독 의문문이 아니라 동사의 목적절로 의문문이 쓰이면 그 형태는 평서문의 형태가 됩니다. Tell me why is the mobile turned off?는 틀린 문장입니다.

**태의 변환**

Why's your mobile turned off?는 수동태 문장입니다. 전화기의 상태를 강조한 문장이지요. 만일 행위의 주체를 강조한다면 능동태 문장으로 바뀌어야 합니다.

Why did you **turn off** your mobile?

너 왜 네 전화기를 꺼 놨어?

Who **turned off** the mobile?

누가 그 전화기를 꺼 놓은 거야?

I carefully **turned off** my phone.

나는 조심스럽게 내 전화를 껐다.

일반 동사가 의문문에 쓰이면 do 동사를 동반하게 됩니다. 그럴 때 do는 수와 시제를 포함하게 되지요. 그리고 일반 동사는 원형을 쓰게 됩니다. Who는 의문대명사이기 때문에 주어로 쓰여서 별도로 do가 필요 없이 바로 일반 동사를 사용합니다.

**시제 변화**

수동태 문장에서 be동사의 시제 변형은 필요 이상으로 주의해야 합니다. 자칫 be동사를 빼먹고 잘못 쓸 수도 있기 때문입니다.

Why **was** your mobile **turned off**?

그때 왜 네 전화기가 꺼져 있었던 거야?

Why **has** your mobile **been turned off**?

왜 휴대전화를 꺼 놓아서 이 사단을 만드는 거야?

Why **is** your mobile **going to be turned off**?

왜 네 휴대전화가 꺼져 있을 거라는 거야?

문장의 시제 변화에 흔들리지 않도록 정확한 문장 연습에 집중해야 합니다.

### 전치사구로 확장

## Why's your mobile turned off **in this emergency**?

이 위급한 상황에서 왜 네 휴대전화는 꺼져 있는 거야?

## Why's your mobile turned off **all at once**?

갑자기 네 휴대전화는 왜 꺼져 있는 건데?

### 접속사절로 확장

## Why's your mobile turned off **when there's an emergency at work**?

지금 회사가 위급한 상황인데 왜 네 휴대전화는 꺼져 있는 거야?

## Why's your mobile turned off **and why have you been out of touch**?

지금 네 휴대전화는 왜 꺼져 있어? 그리고 무슨 이유로 그동안 너와 연락이 안 된 거야? 왜 잠수를 탔냐고, 응?

049

# It's not to be touched.

**그건 건드리면 안 돼요.**

타동사 touch는 '~을 만지다', '~을 건드리다' 등의 의미입니다. be touched는 '누군가의 접촉을 받다'라는 뜻이지요. to부정사(to be)는 '미래에 일어날 일'을 말합니다. 따라서 to be touched는 '앞으로 누군가의 접촉을 받다'의 뜻이 되지요. is not to be touched는 '지금(is) 앞으로 누군가의 접촉을 받지 않는 상태로 존재하다'가 직역입니다. 여기에는 어떤 '의무'나 '명령'도 포함되지 않습니다. 단지, 건드리지 않는 품목으로 분류되어 있다는 사실의 전달입니다. 결국 우리말로는 '그러니까 건드리지 말라'가 되지만 명령이 아니라는 사실을 기억하고 있어야 합니다.

**수 일치**

3인칭 단수 주어가 오면 뒤에 이어지는 be동사의 현재형은 is이지요. to부정사와 동명사(-ing)는 단수로 취급한다는 것도 기억해야 합니다.

## **It's** not to be touched.

그건 건드리면 안 돼요.

## **Those things are** not to be touched.

저것들은 건드리지 말아야 할 것들이야.

## **Some of the things are** not to be touched.

그것들 중의 일부는 건드리면 안 되는 것들이야.

수와 무관하게 표현 자체가 쉽지 않습니다. 따라서 be to 용법이 사용된 이런 문장들은 정확한 이해 뒤에 반복적으로 읽는 연습을 통해서 익숙해지는 게 최선입니다.

**태의 변환**

It's not to be touched.는 수동태 문장입니다. 그것의 상태를 말하고 있지요. 하지만 그것을 건드리지 말아야 될 사람을 위주로 말한다면 능동태 문장이 필요합니다.

You'**re** not **to touch** it.

너 그거 앞으로 건드리지 않도록 해.

Everybody'**s** not **to touch** it.

누구든 그거 건드리지 않도록 조심해.

Children **are** not **to touch** it.

아이들은 그거 건드리면 안 돼.

수동태의 사용은 절대 어렵지 않습니다. 익숙하지 않은 것뿐이지요. 단지 익숙하지 않다는 이유만으로 모든 문장을 다 능동태 문장으로 쓴다는 것은 자신의 의사 전달력이 떨어진다는 사실을 만천하에 공공연히 드러내는 것과 같습니다. 수동태를 적절하게 활용할 수 있도록 충분한 연습이 필요합니다.

**시제 변화**

touch의 3단 변화는 touch-touched-touched로 규칙 변화입니다. to be touched는 부정사를 이용한 미래의 의미이고 이 문장 전체의 시제는 is, 즉 현재입니다. 그렇다면 시제의 변화는 문장 전체 주도 시제에서 일어나게 됩니다.

It **was** not to be touched.

그건 건들지 말아야 하는 거였어.

It **has been** not to be touched.

그건 그동안 건드리면 안 되는 거였어. (그러니 지금 누가 감히 건드릴 시도나 해보겠어?)

It **should have been** not to be touched.

그건 건들지 말아야 될 품목으로 정해져 있어야 했어.

not이 to be touched를 수식하고 있으므로 not to be touched가 하나의 묶음으로 움직여야 하는 문장입니다. 주의가 필요합니다.

---

**전치사구로 확장**

It's not to be touched **for a while.**

그건 당분간 건드리지 않도록.

It's not to be touched **by demand of him.**

그의 요구에 따라서 그 물건은 건드리지 말도록.

---

**접속사절로 확장**

It's not to be touched **because it's temperamental.**

그 물건은 건드리지 말도록. 예민해서 잘못 건드리면 고장 나거든.

It's not to be touched **till we get his permission.**

그의 허락을 받을 때까지는 그거 만지면 안 돼.

# The effort is marred by neurosis.

**그 노력은 노이로제로 인해서 타격을 입은 상태이다.**

타동사 mar는 '~을 손상시키다', '~에 타격을 주다', '~을 망쳐 놓다' 등을 뜻합니다. spoil 또는 damage의 느낌이지요. 좋은 일에 찬물을 끼얹는 정도로 이해해도 좋습니다. be marred는 '타격을 입다', '망치다' 등으로 이해합니다. effort는 '노력'이나 '수고'를 뜻하고, neurosis는 '심한 걱정이나 공포', 그리고 '노이로제'라는 뜻입니다. 결국 이 표현은 "노력을 했지만 노이로제로 인해서 그 노력이 반감되었다."는 뜻이 됩니다.

**수 일치**

추상명사인 effort는 의외로 셀 수 있는 명사로 취급됩니다. 그래서 '노력하다'라는 뜻으로 make an effort나 make efforts 둘 다 사용 가능합니다. 사용 빈도가 매우 높은 표현이므로 기억해 두는 것이 좋습니다.

## **The effort is** marred by neurosis.

노력을 했지만 노이로제 때문에 그 노력이 무색해진 상태이다.

## **All efforts** to proceed carefully **are** marred by neurosis.

조심스럽게 진행하려는 모든 노력들이 심한 걱정으로 인해서 타격을 받은 상태이다.

## **His best efforts are** marred by neurosis.

그가 최선을 다했지만 노이로제로 인해서 노력이 힘을 잃게 된 상태이다.

의역은 어휘의 정확한 의미 이해와 문법의 정확한 내용 이해를 통해서 가능합니다. 의역은 자연스러운 우리말을 의미합니다. 물론 정확한 의미 전달이 보장되어야 합니다.

**태의 변환**

The effort is marred by neurosis.는 수동태 문장입니다. '노력'이 처한 상태를 말하지요. 하지만 그 노력을 무색케 한 원인을 강조하고 싶으면 능동태를 이용합니다.

## Neurosis **marred** the effort.

노이로제가 그 노력에 타격을 주었다.

## Nothing should **mar** the effort.

그 무엇도 그 노력에 흠집을 내서는 안 돼.

## Don't let anybody or anything **mar** the effort.

그 누구도, 그 무엇도 그 노력에 타격을 주지 않도록 각별히 신경 쓰도록.

어떤 어휘가 생소한 이유는 그 어휘가 어려워서가 아니라 내가 충분히 경험을 하지 못해서입니다. 생소한 어휘가 등장하면 그 문장이 익숙해질 수 있도록 소리 내서 읽고 또 읽어야 합니다. 외국어 학습은 생소함으로부터 탈피를 통해 이루어집니다.

**시제 변화**

시제의 기준은 과거, 현재, 미래, 딱 세 개뿐입니다. 여기에 진행과 완료, 조동사가 포함되면서 다양한 현재와 과거, 그리고 미래의 모습을 띠지요. 또한 그에 따른 의미의 세세한 변화가 생깁니다. 반복적 학습으로 그 모든 것들에 익숙해져야 합니다.

## The effort **has been marred** by neurosis.

그 노력이 노이로제로 인해서 타격을 입었기 때문에 지금 다들 허탈한 상황이야.

## The effort **will be marred** by neurosis.

노력이 분명히 노이로제 때문에 타격을 입게 될 거야.

The effort **would be marred** by neurosis.

노이로제가 저 정도면 그 노력이 아무 소용없는 꼴이 되고 말겠어.

The effort **is to be marred** by neurosis.

그 노력은 심한 공포감으로 인해서 손상을 입게 될 겁니다.

be to 용법은 추측이나 확신의 개념 없이 미래에 자연스럽게 일어날 일을 말할 때 사용합니다.

---

**전치사구로 표현**

The effort is marred **by his misjudgment**.

그 노력이 그의 판단 착오로 상처를 입었다.

The effort is marred **by his unexpected wrongdoing**.

그 노력은 그의 예상치 못했던 비행으로 인해서 수포로 돌아갔다.

---

**접속사절로 표현**

The effort is marred **because he has been proven guilty**.

그가 결국 유죄로 판명되었기 때문에 그 노력은 무의미하게 되었다.

The effort is marred **because they haven't okayed our plan**.

그들이 우리 계획에 동의해 주지 않았기 때문에 그 노력은 타격을 입은 상태야.

051

# Temporary sales bans are being discussed.

**일시적인 판매 금지법들이 지금 논의되고 있는 중이다.**

타동사 discuss는 '~을 토의하다'라는 뜻입니다. '무엇을 토의하다'는 discuss something의 형태로 쓰지요. be discussed는 '토의되다', '논의되다' 등을 뜻하며, be being discussed는 '지금 논의되고 있다', '지금 토의되고 있는 중이다' 등의 뜻을 전합니다. temporary는 '일시적인', ban은 '금지', '금지법' 등을 뜻하며, sales ban은 '판매 금지', 또는 '판매 금지법'을 뜻합니다. 따라서 temporary sales bans는 '일시적인 판매 금지법들'이라는 의미가 됩니다.

**수 일치**

명사 ban은 '공식적인 금지 명령'에 해당되며 셀 수 있는 명사입니다. 만일 복수 bans가 아닌 단수 ban을 쓰고 싶으면 시작이 temporary sales ban이 아니라 A temporary sales ban이 되어야 합니다. 셀 수 있는 명사는 수를 정확히 표시해 줘야 합니다.

**Temporary sales bans are** being discussed.

일시적인 판매 금지법들이 현재 논의되고 있는 중입니다.

**One of the bans is** being enforced soon.

그 금지법들 중의 하나는 곧 시행될 겁니다.

**The ban is** being suspended before long.

그 금지법은 오래지 않아서 중단될 거야.

one of the bans의 주어는 bans가 아니라 one입니다. 동사 enforce는 '법을 시행하다', '법을 실시하다' 등의 의미를 갖지요. be enforced는 '시행되다'의 뜻이며, be being enforced는 '앞으로 곧 시행될 것이다'가 됩니다. 진행형 미래는 '곧'이라는 의미를 포함하기 때문에 굳이 뒤에 soon을 넣지 않아도 됩니다. 동사 suspend는 '~을 중단하다'라는 뜻이고, be suspended는 '중단되다'입니다.

---

**태의 변환**

Temporary sales bans are being discussed.는 수동태 문장입니다. 금지법의 상태를 말한 것이지요. 금지법을 토의하는 사람을 중심으로 말할 때는 능동태를 이용합니다.

They **are discussing** temporary sales bans.

그들은 지금 일시적인 판매 금지법들에 대해 토의하고 있는 중입니다.

I want to **discuss** something with you.

당신과 뭔가 의논하고 싶은 게 있는데.

We have much to **discuss**.

우리 토의할 일이 많아.

---

**시제 변화**

동사 discuss의 3단 변화는 discuss-discussed-discussed이고, 현재분사형은 discussing입니다. 과거분사는 수동형과 완료형에서 쓰입니다.

Temporary sales bans **were being discussed**.

일시적인 판매 금지법들이 논의되고 있었습니다.

Temporary sales bans **have been discussed**.

일시적인 판매 금지법들이 논의되었습니다. (그래서 지금 이런 변화가 생기기 시작한 거죠.)

Temporary sales bans **will be discussed**.
일시적인 판매 금지법들이 논의될 예정입니다.

Temporary sales bans **would be discussed**.
(이런 상황이라면) 일시적인 판매 금지법들이 논의될 겁니다.

주어의 변화에 관계 없이 시제가 갖는 고유한 의미는 변하지 않습니다. 시제의 정확한 의미에 충실한 해석과 이해가 필요합니다.

---

**전치사구로 확장**

Temporary sales bans are being discussed **in an emergency meeting**.
지금 긴급 회의에서 일시적 판매 금지법들이 논의되는 중입니다.

Temporary sales bans are being discussed **for preventing the spread of the disease**.
그 질병의 확산을 막기 위해서 일시적인 판매 금지법들이 토의되고 있습니다.

---

**접속사절로 확장**

Temporary sales bans are being discussed, **though the chairman is not present**.
의장이 참석하지 않았지만 지금 일시적 판매 금지법들이 토의되고 있는 중이다.

Temporary sales bans are being discussed, **but nobody is interested in them**.
임시 판매 금지법들이 토의되고 있지만 그 법들에 아무도 관심이 없다.

052

# Other bills are being paid online.

**다른 청구서들은 온라인으로 지불될 겁니다.**

타동사 pay는 '~의 비용을 지불하다', '~을 지불하다', '~에게 요금을 내다' 등의 의미입니다. be paid는 '지불되다'라는 뜻이지요. bill은 '청구서'를 뜻하므로, pay the bills는 '청구서의 비용을 지불하다'가 됩니다. online은 부사로 쓰여서 '온라인으로', '컴퓨터상에서' 등의 뜻으로 쓰이고 있습니다. are being paid는 현재진행이 미래의 의미를 전하는 상황입니다. 이미 정해진 가까운 미래의 일을 말할 때 사용하는 형태입니다.

**수 일치**

명사 bill은 '고지서', '청구서' 등을 뜻하는 셀 수 있는 명사입니다. 복수형은 bills이고, 단수로 쓰일 때는 a bill의 형태를 유지해야 합니다.

**Other bills are** being paid online.

다른 청구서들은 온라인으로 지불될 거야, 곧.

**My accountant is** dealing with **all my bills** at the moment.

지금은 내 개인 회계사가 내 모든 청구서들을 처리하고 있어.

She grabbed **the bill** and her eyes widened.

그녀는 그 청구서를 움켜쥐었고 눈이 휘둥그레졌다.

accountant는 '회계사'이며, deal with는 '~을 처리하다', '~을 관리하다'라는 뜻입니다. at the moment는 '지금 현재'를 뜻하지요. grab은 '~을 움켜쥐다', eyes widen은 '눈이 휘둥그레지다'로 이해합니다.

**태의 변환**

Other bills are being paid online.은 수동태 문장입니다. 청구서의 상태를 말하지요. 하지만 청구서를 지불할 사람을 강조할 때는 능동태 문장을 이용합니다.

## **I'm paying** other bills online.

내가 다른 청구서들은 온라인으로 직접 지불할 거야.

## Can you **pay** the bills for me?

네가 내 대신에 청구서를 지불할 수 있겠어?

## **Paying the bills** isn't my job, is it?

청구서들을 지불하는 게 내가 할 일은 아니지 않아요?

paying the bills는 동명사구이며 이 구 안에서의 '태'는 능동태입니다. Paying the bills isn't my job, is it? 전체는 '태'를 언급할 문장은 전혀 아닙니다.

**시제 변화**

동사 pay의 3단 변화는 pay-paid-paid로 불규칙 변화입니다. 현재분사형은 paying이지요. 철자를 정확히 기억하고 있어야 합니다.

## Other bills **were paid** online.

다른 청구서들은 온라인으로 이미 지불됐어.

## Other bills **have been paid** online.

다른 청구서들은 이미 온라인으로 지불됐지. (그러니까 지금 아무 말 없이 조용하잖아.)

## Other bills **will be paid** online.

다른 청구서들은 분명히 온라인으로 지불될 거야.

Other bills **must have been paid** online.

다른 청구서들은 온라인으로 지불된 게 틀림없어.

눈에 보이지 않는 시제의 속뜻을 글로 분명히 표현하는 게 가장 정확한 문장 해석입니다. 하지만 그것이 지나친 의역이라는 생각이 들면 의역의 수위를 낮출 수는 있지만 의역 자체를 무시하면 안 됩니다.

---

**전치사구로 확장**

Other bills are being paid online **by my secretary**.

다른 청구서들은 제 비서가 온라인으로 곧 송금할 겁니다.

Other bills are being paid online **by six**.

다른 청구서들은 6시까지 온라인으로 지불될 겁니다.

---

**접속사절로 확장**

Other bills are being paid online **before you know it**.

다른 청구서들은 온라인으로 즉시 지불될 겁니다.

Other bills are being paid online **right after I get paid**.

제가 봉급을 받으면 바로 다른 청구서들은 온라인으로 입금될 겁니다.

태(voice)

1형식에서 5형식까지 영어 문장의 형식을 통해 능동태(active voice) 문장들을 익히고 나서, 알맞은 수동태(passive voice) 문장 유형들도 익숙해져야 합니다. 능동태는 주어의 능동적인 행위를 말합니다. 반면에 수동태는 주어가 처한 상태를 말합니다. 능동태는 주어의 동작에, 수동태는 주어의 상태에 중심을 두어 해석합니다. 글의 흐름이 일관되게 유지되는 속에서, 말을 할 때나 글을 쓸 때 내가 강조하고 싶은 부분에 맞추어 태를 바꿔 사용하게 됩니다.

53 They were joined by her friends.
54 I was told that.
55 He was fired on the spot.
56 He was sent back home.
57 Everybody was embarrassed.
58 He was known by name.
59 I was seen getting out of the place.
60 He was mistaken for a reporter.
61 She was found in an upscale hotel.
62 He was rushed to the hospital.
63 He was warned about the potential for a pandemic.
64 He was arrested for defrauding his clients.
65 He was asked to testify.
66 I was given a sedative in the hospital.
67 I was offered another assignment.
68 The driver was obscured by the roof of the cart.
69 I got texted a picture from him.
70 The party was attended by notable people.
71 The party was hosted by her.
72 The scarves were neatly folded.
73 Many topics were covered.
74 Photos were taken for an ad.
75 It was written in a hurry.
76 The radio was tuned to a classical FM broadcast.
77 The steel door was unlocked.
78 He was caught cheating on his wife.
79 The company was named after him.
80 His plan was thwarted by her early return.
81 Why was his office ransacked?
82 A funeral was held in lieu of graduation.
83 It wasn't done out of malice.

053

# They were joined by her friends.

**그들이 함께한 자리에 그녀의 친구들이 합류했다.**

타동사 join은 '~와 함께하다', '누군가가 어떤 행위를 하려고 하는데, 또는 하고 있는 도중에 그 자리에 합류하다' 등의 의미를 전합니다. 흔히 목적어로 사람을 써서 표현하게 되는 경우입니다. Can you join me for a drink?라고 말하면 "나 한잔할 건데 같이 할래?"라는 의미가 됩니다. be joined는 주어가 합류하는 게 아니라, '주어가 있는 자리에 누군가가 합류한다'는 의미가 되지요. 그럴 때는 합류하는 사람이 by ~의 형태로 표현됩니다.

**수 일치**

주어로 복수 명사가 오면 뒤에 이어지는 be동사는 현재일 때는 are, 과거일 때는 were가 됩니다. 단수일 때는 각각 is, was로 바뀌게 되지요. 이것마저 혼동될 수도 있습니다. 반복적 연습을 통한 습관화만이 해결 방법입니다.

They **were joined** by her friends.

그들이 있는 자리에 그녀의 친구들이 합류했다.

**I was** joined for a drink by some of my colleagues.

내가 술 한잔하는데 직장 동료들이 합류했어.

**One** of my friends **was** joined for dinner by Tom Cruise.

내 친구가 있는데 글쎄 그 애가 저녁 먹는데 톰 크루즈가 합류했다지 뭐야.

one of my friends는 단수입니다. 복수인 friends에 현혹되어서는 안 됩니다.

**태의 변환**

They were joined by her friends.는 수동태 문장입니다. 주어인 they가 처했던 상태를 설명합니다. her friends의 능동적인 합류를 강조할 때는 능동태를 씁니다.

## Her friends **joined** them.

그녀의 친구들이 그들이 있는 자리에 합류했어.

## Care to **join** me?

나하고 같이 갈래?

## He**'ll be joining** us for dinner.

그가 우리 저녁 식사에 합류할 거야.

## I**'ll join** you after work.

나는 퇴근 후에 합류할게.

동작과 상태 둘 중에 어느 부분에 중심을 둘 것인가는 대화 도중에 순간순간 본능적으로 판단하게 됩니다. 무조건 능동으로만 처리하는 게 우리의 습관이었다면, 앞으로는 정확한 판단에 의해서 능동과 수동을 오갈 수 있도록 문장의 올바른 이해가 필요합니다.

**시제 변화**

능동태에서는 현재 시제가 불가능하지만 수동태에서는 현재 시제가 가능한 문장입니다.

## They **are joined** by her friends.

그들은 지금 그녀의 친구들이 합류한 상태야.

## They **have been joined** by her friends.

그들은 아까 이미 그녀의 친구들이 합류한 상태였어. (그래서 지금 이 난리야.)

They **will be joined** by her friends.

그들이 있는 자리에 그녀의 친구들이 합류할 예정입니다.

과거 시제는 현재와 무관하지만, 현재완료는 과거에 일어난 일이 지금까지 영향을 미치는 경우에 사용합니다. 따라서 이야기 전개상 '그래서 지금 이 난리야'라는 의미가 추가될 수 있습니다.

---

**전치사구로 확장**

They were joined by her friends **after school**.

그들은 방과 후에 그녀의 친구들이 합류했다.

They were joined by her friends **all of a sudden**.

그들은 갑자기 그녀의 친구들과 합류됐다.

---

**접속사절로 확장**

They were joined by her **because she was an expert in it**.

그들에게 그녀가 합류했다. 그녀는 그 분야에 전문가였기 때문이다.

**While drinking,** they were joined by her.

술을 마시고 있는 중에 그들에게 그녀가 합류했다.

054

# I was told that.

**나 그 얘기 전해 들었어.**

동사 tell은 '~을 말하다', '~에게 말하다' 등의 뜻을 갖는 타동사입니다. '대화하다'가 아니라 '~을 (말로) 전달하다'라는 뜻이지요. 따라서 be told는 '~의 얘기를 누군가에게서 전달받아 듣다' 등으로 이해합니다. 전달받아서 듣는 것이 아니라 단순히 들려서 '~을 듣다'에 해당되는 hear와는 근본적으로 다른 의미입니다.

---

**수 일치**

be동사의 과거는 was와 were 둘뿐입니다. 물론 문장을 해석할 때는 be동사의 수 일치를 신경 쓸 일이 전혀 없지만 문장을 적을 때는 가장 먼저 신경 써야 됩니다. 단순해 보여도 자주 틀리는 부분이 바로 be동사의 수의 일치입니다.

## **I was** told that.

나 그 얘기 전해 들었어.

## **You were** told that.

너 그 얘기 전해 들었잖아.

## **Nobody was** told that.

아무도 그 얘기를 전해 듣지 못했어.

대명사 nobody는 '단수'로 취급합니다. 따라서 그에 해당되는 be동사의 과거형은 was입니다.

**태의 변환**

I was told that.은 수동태 문장입니다. 내가 말을 해서 전한 게 아니라 내가 누군가에게서 말을 전해 들었다는 의미입니다. 말을 전하는 사람이 중심이 되면 능동태를, 전해 들은 사람이 중심이 되면 수동태를 사용하게 됩니다.

## He **told** me that.

그가 나한테 그 말을 전해 준 거야.

## Who **told** you that?

누가 너한테 그 말을 전해 줬어?

능동태를 쓸 때와 수동태를 쓸 때의 의도가 분명해야 합니다. 그리고 능동태를 쓸 때와 수동태를 쓸 때의 해석을 매우 정확하게 할 수 있어야 합니다. be told와 hear가 우리말로는 언뜻 똑같이 해석될지 모르지만 영어에서는 서로 완전히 다른 의미입니다.

---

**시제 변화**

tell의 과거는 told, 그리고 과거분사 또한 told입니다.

## I **was told** that **a minute ago**.

나 그 얘기 방금 전에 전해 들었어.

## You **will be told** that **in a minute**.

너 그 얘기 곧 전해 듣게 될 거야.

## He **has been told** that too.

그도 그 얘기 이미 전해 듣고 저러는 거야, 지금.

현재완료를 쓰면 '이미 그렇게 되었다'는 의미를 전하게 됩니다. 단순히 과거 시제를 써서 '그랬다'라는 뜻을 전하는 것과는 다릅니다.

### 전치사구로 확장

I was told that **in front of him.**

난 그의 앞에서 그 얘기를 전달 받았어.

I was told that **from her.**

나는 그녀로부터 그 얘기를 전해 들었어.

### 접속사절로 확장

I was told that **when I was working on it.**

나는 그 작업을 하고 있을 때 그 얘기를 전달 받았어.

I was told that **while I was keeping her company.**

나는 그녀의 말 상대를 해주고 있던 중에 그 사실을 전해 들었던 거야.

keep somebody company는 '누군가의 말 상대가 되어주다'라는 의미입니다. Can you keep me company?는 "나하고 얘기 좀 할래?"로 이해하고, I should keep my mom company.는 "나 집에 가서 엄마와 말동무해야 해." 정도로 해석합니다.

055

# He was fired on the spot.

**그는 그 자리에서 해고되었다.**

타동사 fire는 '~을 해고시키다'라는 뜻입니다. be fired는 '해고되다'라는 뜻이지요. on the spot은 '현장에서', '그 자리에서' 등을 의미합니다. 따라서 be fired on the spot은 '현장에서 해고당하다', '그 자리에서 바로 해고당하다' 등으로 이해합니다.

**수 일치**

주어가 수의 일치를 결정하는 문장입니다. 주어가 단수인지 복수인지 정확한 판단이 서지 않는 경우가 종종 있습니다. 그럴 때는 단어를 기억하는 것이 아니라 문장을 기억해 두는 것이 좋습니다.

## **He was** fired on the spot.

그는 현장에서 해고되었다.

## **Neither of them was** fired on the spot.

둘 중 누구도 현장에서 해고되지는 않았다.

## **The policemen were** fired on the spot.

그 경찰들은 현장에서 해고됐다.

## **The rest were** fired on the spot.

나머지는 현장에서 해고되었다.

neither는 '둘 중에 누구도 아닌'이라는 뜻이라서 단수 취급을 하며, policemen은 단수인 policeman의 복수형입니다. the rest는 셀 수 없는 명사의 나머지를 말할 때는 단수로 받지만, 셀 수 있는 명사의 나머지를 언급할 때는 복수로 받습니다.

**태의 변환**

He was fired on the spot.는 수동태 문장입니다. 그의 과거 상태를 말하지요. 누가 그를 해고했는지를 강조할 때는 능동태 문장을 씁니다.

She **fired** him on the spot.

그녀는 그를 현장에서 해고했다.

He doesn't have the authority to **fire** her on the spot.

그는 그녀를 현장에서 해고할 수 있는 권한이 없어.

I wonder who **fired** him on the spot.

나는 누가 그를 현장에서 해고했는지 그게 궁금해.

단순히 태를 바꾸는 연습이 아닙니다. 어느 때 능동태를 쓰는지, 또는 수동태를 쓰는지를 익히는 겁니다. 무엇을 강조하느냐에 따라서 태가 바뀐다는 사실을 기억해야 합니다.

**시제 변화**

시제의 변화를 시도할 때는 바뀌는 시제와 함께 변하는 문장의 의미를 세심하게 고려해야 합니다. 무조건 형태를 바꾸는 데에만 신경 쓰면 올바른 해석이 되지 않을 수 있고 엉터리 문장이 만들어질 수도 있습니다. 문장은 문법의 형태와 의미가 완전하게 갖춰져야 합니다. 물론 적절한 어휘들의 선택과 함께 이어야 됩니다.

He **will be fired** on the spot.

그는 현장에서 바로 해고될 거야.

He **would be fired** on the spot.

그는 (여러 가지 정황으로 봤을 때) 현장에서 바로 해고될 거 같은데.

He **should be fired** on the spot.

그는 이 정도면 현장에서 해고되는 게 맞아. (그래야 될 거야.)

He **should have been fired** on the spot.

그는 현장에서 바로 해고되었어야 했어.

will과 would의 의미 차이를 제대로 이해해야 하며, '권유'와 '기대감'을 동반한 '가능성'을 뜻하는 should를 정확히 이해해야 합니다.

---

**전치사구로 확장**

He was fired on the spot **from his job**.

그는 그 자리에서 해고되어 직장을 잃었다.

He was fired **from his job for no reason at all**.

그는 아무 이유 없이 직장에서 해고되었다.

---

**접속사절로 표현**

He was fired **because he had gained 50 pounds**.

그는 살이 50파운드 쪘다는 이유로 해고되었다.

He was fired **while he was on his honeymoon**.

그는 신혼여행 중에 해고되었다.

# He was sent back home.

**그는 집으로 돌려보내졌다.**

타동사 send는 '~을 보내다'라는 의미입니다. send back은 '~을 돌려보내다'가 되지요. send back home은 '~을 집으로 돌려보내다'입니다. 부사 back은 '뒤로', '다시' 등을 뜻하며, home은 명사가 아닌 부사의 의미로 쓰여 '집으로'라는 뜻입니다. 만일 home을 명사로 쓰고 싶다면 He was sent back to his home.이라고 해야 합니다. be sent back home은 '집으로 돌려보내지다'가 됩니다.

**수 일치**

수의 개념을 주도하는 명사나 대명사에 신경 써야 합니다. 셀 수 있는 명사와 셀 수 없는 명사의 형태는 물론 의미를 정확히 이해해야 단수, 복수의 개념이 잡힙니다.

**He was** sent back home.

그는 집으로 돌려보내졌다.

**The flowers were** sent back to him.

그 꽃들은 그에게 다시 돌려보냈다.

**Some of the children were** sent back to their parents.

그 아이들 중 일부는 부모에게 돌려보내졌다.

**Both of them were** sent back to their homes.

둘 다 집으로 돌려보내졌다.

flowers는 복수형입니다. 방심하지 마세요. 대명사 some은 둘 이상을 말할 때 사용합니다. '몇 명'이라는 의미이지요. 그래서 복수로 받습니다.

**태의 변환**

He was sent back home.은 수동태 문장입니다. 그의 상태를 말하지요. 누가 그를 집으로 보냈는지를 강조하고 싶을 땐 능동태 문장을 씁니다.

I **sent** him back home.

내가 그를 집으로 돌려보냈어.

Do you have any idea why she **sent** him back home?

그녀가 그를 왜 집으로 돌려보냈는지 알아?

I **sent** the text message to him.

내가 그 문자를 그에게 보낸 거야.

I **sent** countless e-mails to Harvard.

나는 하버드대학에 셀 수 없이 많은 이메일을 보냈어.

수동태에서의 sent는 과거분사라서 형용사 역할을 합니다. 주격 보어로 쓰이는 겁니다. 문장은 2형식입니다. 하지만 능동이 되면 sent는 동사의 과거 시제로 쓰인 것이며 뒤에 목적어를 받습니다. 3형식 문장을 만드는 겁니다. 태의 변화는 문장 형식의 변화를 유발합니다.

**시제 변화**

send의 3단 변화는 send-sent-sent입니다. 불규칙 변화입니다.

He **is sent** back home.

그는 지금 이미 집으로 돌려보내진 상태야.

He **has been sent** back home.

그가 집으로 돌려보내졌거든. (그래서 지금 이 방이 비어 있는 거야.)

He **is being sent** back home.

그는 곧 집으로 돌려보내질 거야. (이미 정해진 일이야.)

문법에 맞는 이야기가 있습니다. 문법을 제대로 이해해야 그 이야기가 이해되는 겁니다. 문법은 형식이 다가 아닙니다.

---

**전치사구로 확장**

He was sent back home **before dark**.

그는 어두워지기 전에 집으로 돌려보내졌어.

He was sent back home **by her own decision**.

그는 그녀의 독단으로 집으로 돌려보내진 거였어.

---

**접속사절로 확장**

He was sent back home **because he fell ill suddenly.**

그는 갑자기 병이 나서 집으로 돌려보내졌다.

He was sent back home **even though he didn't want to be**.

그는 원치 않았지만 집으로 돌려보내졌다.

057

# Everybody was embarrassed.

**모두들 당황했다.**

타동사 embarrass는 '~을 당황스럽게 하다', '~을 쑥스럽게 하다' 등의 의미입니다. 활용 빈도가 대단히 높은 동사이지요. 과거분사인 embarrassed는 과거분사형 형용사에서 아예 형용사 자체로 자리를 잡은 어휘입니다. '이미 당황한 상태인', '이미 쑥스러운 상태인' 등의 속뜻이라서 be embarrassed는 '당황하다', '쑥스럽다' 등으로 해석합니다.

**수 일치**

대명사인 everybody는 단수로 취급합니다. 일반적으로 everyone과 같은 의미로 사용되는데, 구어체에서는 흔히 everybody를, 문어체에서는 everyone을 즐겨 사용합니다. everybody가 everyone보다 격없이 사용하는 어휘라는 겁니다. everyone 역시 everybody와 마찬가지로 단수 취급합니다.

## **Everybody was** embarrassed.

모두들 당황했다.

## **My parents were** embarrassed.

우리 부모님이 당황하셨죠.

## **The audience was** embarrassed.

청중들은 당황했습니다.

명사 audience는 단수와 복수, 하나에 국한되지 않고 모두 사용 가능합니다. The audience were embarrassed.라고 표현해도 좋다는 뜻입니다.

**태의 변환**

Everybody was embarrassed.는 수동태 문장입니다. 모든 사람들의 상태를 강조한 문장입니다. 하지만 누가 당황시켰는지에 중심이 맞추어지면 능동태 문장을 이용해야 합니다.

## He **embarrassed** everybody.

그는 모든 사람들을 당황하게 만들었다.

## Did I **embarrass** you?

내가 널 당황하게 만든 거야?

## Nobody could **embarrass** her.

그런 상황에서는 아무도 그녀를 당황하게 만들 수 없어. (그런 상황에서 당황할 사람이 아니라고.)

설령 embarrassed가 형용사로 완전히 자리 잡은 어휘라 해도 동사 embarrass에서 파생된 과거분사 형태임을 잊어서는 안 됩니다.

**시제 변화**

동사 embarrass의 3단 변화는 규칙 변화로서 embarrass-embarrassed-embarrassed입니다.

## Everybody **is being embarrassed**.

모두들 지금 당황하고 있는 상태야.

## Everybody **has been embarrassed**.

모두들 당황해서 지금 어쩔 줄 몰라 하고 있는 거야.

## Everybody **will be embarrassed**.

모두들 당황할 거야.

Everybody **would be embarrassed.**

(상황이 이렇게 됐으니) 모두들 당황하겠지.

조동사 would가 만드는 미래 의미에 특히 주목해야 합니다. 어떤 문장이든 그 문장을 단독으로 해석하기는 쉽지 않습니다. 전후좌우의 문맥에 따라 정확한 해석이 나오기 때문이지요. 특히 would가 쓰이는 상황의 해석에 신경 써야 합니다.

---

**전치사구로 확장**

Everybody was embarrassed **by his remark.**

모두들 그의 발언에 당황했다.

Everybody was embarrassed **by her attitude.**

모두들 그녀의 태도에 당황을 금치 못했다.

---

**접속사절로 확장**

Everybody was **so** embarrassed **that they could not move at all.**

모두들 너무 당황해서 꼼짝할 수가 없었다.

Everybody was embarrassed **and frightened.**

모두들 당황하고 겁을 먹었다.

058

# He was known by name.

**그는 이름으로만 알려져 있었다.**

타동사 know는 '~을 잘 알고 있다'라는 의미입니다. be known은 '알려지다'가 되지요. 의역이 필요한 표현입니다. 전치사 by는 '수단'이나 '척도'를 나타낼 때 쓰이고 있습니다. 따라서 by name은 '이름으로서', '이름을 기준으로' 등의 뜻이 되며, be known by name은 '이름으로 알려지다'로 이해합니다. 얼굴은 알려져 있지 않고 이름만 알려져 있음을 뜻합니다.

---

**수 일치**

명사 name은 셀 수 있는 명사입니다. 그래서 여러 가지 이름을 말할 때는 names가 되지요. 하지만 수와는 무관하게 '이름'이라는 것 자체만을 언급할 때는 추상명사가 되어 부정관사를 이용하지 않습니다. 그래서 by name이 된 것입니다.

## **He was** known **by name.**

그는 이름으로만 알려져 있었다.

## **He is a representative** of the party **in name** only.

그는 이름으로만[명목상으로만] 그 당의 대표이다.

## Write down the **names** of the **drugs** you take.

네가 평소에 복용하고 있는 약들의 이름을 다 적어봐.

동사 represent는 '~을 대표하다'라는 뜻이며, representative는 '대표하는 사람', 즉 '대표'입니다. 셀 수 있는 명사이지요. in name only에서 name은 '이름' 자체를 의미하는 것이라서 '이름만으로', '명목상으로' 등으로 해석합니다. take drugs는 '약을 복용하다'입니다.

**태의 변환**

He was known by name.은 수동태 문장입니다. 그의 상태를 말하지요. 하지만 누가 그를 알고 있는지를 강조할 때는 능동태 문장을 이용합니다.

## They **knew** him by name.

그들은 그를 얼굴이 아닌 이름만으로 알고 있었다.

## You must **know** a lot about the stock market.

당신은 주식시장에 대해서 많은 것을 알아야 됩니다.

## Everybody **knows** the rumor except you.

너만 빼고 모든 사람들이 그 소문을 알고 있어.

모든 능동태 문장이 수동태 문장으로 태의 변환을 일으킬 수 있는 것은 아닙니다. 문장의 의미와 성격에 따라서 각각의 태로만 존재하는 문장들은 얼마든지 있습니다.

**시제 변화**

동사 know의 3단 변화는 know-knew-known입니다. 하지만 know는 상태동사이기 때문에 현재분사형은 존재하지 않습니다.

## He **is known** by name.

그는 지금 이름으로만 알려져 있는 상태야.

## He **has been known** by name.

그는 지금껏 이름으로만 알려져 있기 때문이야. (그래서 다들 그의 얼굴을 잘 몰라.)

## He **will be known** by name.

그는 앞으로 얼굴이 아닌 이름으로만 알려질 거야.

## He **should be known** by name.

그는 이름으로만 알려져야 돼. (그게 유리해.)

하나의 영어 문장을 두 개의 한글 문장으로 연결시켜 해석한 이유는 정확한 해석과 독자 여러분의 이해를 돕기 위해서입니다.

---

**전치사구로 확장**

He was known by name **on purpose.**

그는 의도적으로 이름으로만 알려져 있었다.

He was known by name **without any special reason.**

특별한 이유 없이 그는 그냥 이름으로만 알려져 있었어.

---

**접속사절로 확장**

He was known by name **because he was shy of publicity.**

그는 언론이나 세상의 관심을 꺼렸기 때문에 이름으로만 알려져 있었다.

He was known by name **after he had written several well-respected books.**

그는 높이 평가되는 여러 권의 책을 쓴 이후에 이름으로 사람들에게 잘 알려져 있었다.

# I was seen getting out of the place.

**나는 그곳에서 빠져나오다가 들켰어.**

타동사 see는 '~을 보다'라는 의미입니다. be seen은 '보여지다', '들키다' 등을 의미하지요. 다른 표현보다 이해하기가 까다롭습니다. get out of the place는 '그 장소에서 빠져나가다'이며, getting out of the place는 '그 장소에서 빠져나가는 도중에'가 됩니다. 현재분사(getting)는 '진행'의 의미를 살려서 이해합니다.

**수 일치**

1인칭 대명사 I나 단수 주어 뒤에 나오는 be동사의 과거형은 was입니다. 과거분사(seen)와 현재분사(getting)는 '수'와는 무관합니다. 의미의 정확한 이해에만 집중하면 됩니다.

## **I was** seen getting out of **the place**.

나는 그 장소에서 빠져나오다가 들켰어.

## **They were** seen getting out of **those places**.

그들은 그 장소들에서 빠져나오다가 들켰다.

## **Who** was it that **was seen** getting out of **the place**?

그 장소에서 빠져나가다가 들킨 그 사람은 누구였어?

that의 복수형은 those입니다. Who was it that ~에서 who, it, that 모두 사람을 가리키는 대명사들입니다. 특히 that은 관계대명사로 쓰이고 있습니다.

**태의 변환**

I was seen getting out of the place.는 수동태 문장입니다. 나의 상태를 강조한 문장이지요. 내가 누구에게 들킨 것인지를 강조하려면 능동태 문장이 필요합니다.

## They **saw** me getting out of the place.

그들은 내가 그곳을 빠져나가는 것을 봤다.

## Don't let anybody **see** you getting out of the place.

아무에게도 들키지 말고 거길 잘 빠져나가도록 해.

## I didn't know he **saw** me getting out of the place.

나는 그가 내가 그곳을 빠져나가는 걸 봤다는 사실을 전혀 몰랐어.

see me getting out of the place에서는 see가 지각동사로 쓰인 것입니다. 목적 보어로 현재분사(getting)가 나왔네요. 목적어가 하고 있는 행위의 한 순간을 본 것입니다. 그래서 진행형(현재분사)을 사용하는 것입니다. 문장에서 지각동사가 만드는 형태와 정확한 문장 의미의 이해가 대단히 중요합니다.

**시제 변화**

3인칭 be동사의 3단 변화는 is-was-been입니다. 특히 과거분사의 형태에 주목해야 합니다. 억지로 외운다고 해결되지 않습니다. 문장을 정확히 이해하는 중에 자연스럽게 기억되어야 합니다.

## I **have been seen** getting out of the place.

내가 그곳을 빠져나가다가 들켰어. (그래서 지금 이 난리가 난 거야.)

## I **will be seen** getting out of the place.

나는 분명 그곳을 빠져나가다가 들키고 말 거야.

**I must have been seen** getting out of the place.

난 그 장소를 빠져나가다가 들킨 게 틀림없어.

**I am not to be seen** getting out of the place.

나는 들키지 않고 그 장소에서 빠져나오게 될 거야.

to부정사는 '앞으로 일어날 일'을 말할 때 사용합니다. '의지'가 개입되어 있지 않고 단순히 미래에 일어날 일을 말합니다. 따라서 be to 용법은 '주어에게 단순히 앞으로 ~한 일이 일어날 것이다'로 이해합니다.

---

**전치사구로 확장**

I was seen getting out of the place, **to my disappointment.**

나 거기에서 빠져나가다가 들켰어, 실망스럽게도 말이야.

I was seen getting out of the place **after the ceremony.**

난 식이 끝나고 그곳을 빠져나가다가 들키고 말았지.

---

**접속사절로 확장**

I was seen getting out of the place, **and my plan fell apart.**

나는 그곳을 빠져나가다가 들켰어. 그래서 계획이 무산됐지.

I was seen getting out of the place, **so I had to go to plan B.**

난 그 장소에서 빠져나오다가 들켜서 대안을 써야 했어.

060

# He was mistaken for a reporter.

**그는 기자로 오해받았다.**

타동사 mistake는 '~을 오해하다'라는 의미이며, mistake A for B는 'A를 B로 오해하다'라는 뜻을 갖습니다. be mistaken for ~는 '~로 오해받다'가 되지요. reporter는 '기자', '리포터' 등으로 해석합니다. 명사 mistake(실수)에만 학습이 머물러 있으면 안 됩니다. 하나의 어휘가 갖는 여러 품사와 다양한 의미에 익숙해져야 합니다.

**수 일치**

reporter는 셀 수 있는 명사입니다. 한 사람을 의미할 때는 반드시 a를 동반합니다. a를 생략하지 않도록 각별히 신경 써야 합니다. 부정관사의 습관적인 사용은 외워서 되는 게 아닙니다. 문장 자체의 학습을 통해서 자연스럽게 몸에 배야 합니다.

## **He was** mistaken for **a reporter.**

그는 기자로 오인되었다.

## **They were** mistaken for **reporters.**

그들은 기자로 오해를 받았다.

## No wonder **you were** mistaken for **a reporter.**

네가 리포터로 오인된 건 당연한 일이야.

No wonder는 '놀랄 게 없음'을 의미합니다. 따라서 '~는 당연하다'라는 뜻을 갖지요. There's no wonder ~에서 There's가, 또는 It's no wonder ~에서 It's가 생략된 표현입니다.

**태의 변환**

He was mistaken for a reporter.는 수동태 문장입니다. 주어의 과거 상태를 말합니다. 그를 오인한 사람들을 강조하고 싶다면 능동태 문장을 사용합니다. 과거분사 mistaken의 현재형은 mistake, 과거형은 mistook입니다.

## They **mistook** him for a reporter.

그들은 그를 기자로 오해했다.

## I didn't expect him to **mistake** her for a reporter.

나는 그가 그녀를 리포터로 오인할 줄은 전혀 예상하지 못했어.

## Why didn't you tell me you **had mistaken** them for reporters?

네가 그들을 기자로 오인했다는 말을 왜 나한테 하지 않았어?

모든 수동태 문장들을 다 능동태로 바꿀 수 있는 건 아닙니다. 적절한 뜻이 성립되어야만 바꿀 수 있는 겁니다. 형태에 우선하는 건 내용과 의미라는 사실을 잊지 마세요.

**시제 변화**

현재와 과거, 과거분사의 형태가 혼동될 때가 있습니다. 불규칙 변화를 일으키는 동사들이 특히 그렇지요. 따라서, 동사들의 3단 변화는 기억해 두는 게 좋습니다. 물론 문장을 통한 기억이어야 합니다.

## He **is mistaken** for a reporter.

그는 지금 이미 기자로 오인된 상태야.

## He **must be mistaken** for a reporter.

그가 지금 기자로 오해받고 있는 게 분명해.

He **is going to be mistaken** for a reporter.

그는 리포터로 오인될 게 분명해. (아주 확실하다고.)

He **would be mistaken** for a reporter.

(그런 상태라면) 그는 리포터로 오인되겠는걸.

과거분사 mistaken의 정확한 의미는 '이미 오해받고 있는 상태인'입니다. 따라서 be mistaken은 '지금(be) 이미 오해받고 있다'라는 의미가 되는 것입니다.

---

**전치사구로 확장**

He was mistaken for a reporter **because of his appearance.**

그는 외모 때문에 기자로 오인되었다.

He was mistaken for a reporter **after talking to them.**

그는 그들과 대화를 나눈 후에 기자로 오해받았다.

---

**접속사절로 확장**

He was mistaken for a reporter **because he knew everything about the incidents.**

그는 그 사건들에 대한 모든 걸 알고 있어서 기자로 오인되었다.

He was mistaken for a reporter **because he asked questions professionally.**

그는 평소에 전문적으로 질문을 해서 기자로 오인되었다.

061

# She was found in an upscale hotel.

**그녀는 한 최고급 호텔에서 발견되었다.**

타동사 find는 '~을 발견하다'라는 의미를 갖는 3형식 동사로 쓰이고 있습니다. was found는 '발견되었다'라는 뜻이지요. 형용사 upscale은 '돈 많은 상류층의'라는 뜻입니다. 따라서 upscale hotel은 '최고급 호텔'을 의미합니다.

**수 일치**

3인칭 단수 주어의 뒤를 잇는 be동사의 과거형은 was입니다. 영작을 위해서 문법을 외우자는 게 아닙니다. 이미 완성되어 있는 문장을 이해하기 위해서 문법을 익히는 겁니다. 그리고 같은 유형의 문장들을 자주, 많이 접하면서 어느 순간 우리도 그 문법이 포함된 문장들을 반사적으로 사용할 수 있게 하기 위함입니다. hotel은 셀 수 있는 명사이므로 당연히 그 앞에 부정관사를 붙입니다.

**She was** found in **an** upscale hotel.

그녀는 한 최고급 호텔에서 발견되었어.

**They were** found in **an** upscale hotel.

그들은 한 최고급 호텔에서 발견되었다.

**The criminals were** found in upscale **hotels.**

범인들은 최고급 호텔들에서 발견되었어.

대명사보다도 일반 명사가 나왔을 때 단수, 복수의 형태에 주의해야 하며 그에 따른 동사, 관사 등의 변화에도 신경 써야 합니다.

**태의 변환**

She was found in an upscale hotel.은 수동태 문장입니다. 그녀가 발견된 상태를 말하고 있지요. 만일 그녀를 발견한 사실을 강조하고 싶다면 능동태 문장을 사용합니다.

They **found** her in an upscale hotel.

그들이 그녀를 최고급 호텔에서 발견했어.

Nobody expected to **find** her in an upscale hotel.

누구도 그녀를 최고급 호텔에서 발견하리라고는 예상 못했어.

Bring me the one who **found** her in an upscale hotel.

그녀를 최고급 호텔에서 발견한 그 사람을 나한테 데려와.

태를 신중하게 봐야 합니다. 태의 변화에 주목하지 않으면 화자나 작가가 무엇을 말하려고 하는지 놓치게 됩니다. 그러면 결국 글의 흐름을 잃고 방황하게 되지요. 문법은 단순한 형식의 표현이 아닙니다. 문법은 감정의 주된 표현법입니다. 문법은 글의 흐름을 결정합니다.

**시제 변화**

모든 품사들 중에서 시제 개념을 포함하는 품사는 오직 동사뿐입니다. 그리고 동사가 갖는 시제는 현재와 과거 딱 둘뿐입니다. 미래는 조동사의 도움이나 다른 문법적 환경의 도움을 받아서 표현하게 됩니다. 우리는 시제를 늘 혼동해서 옳지 않은 문장을 적거나 말하게 되지요. 몹시 신경 써야 할 부분입니다.

He **said** she **had been found** in an upscale hotel.

그의 말로는 그녀가 최고급 호텔에서 발견되어서 다들 당황했다던데.

She **will be found** in an upscale hotel.

그녀는 최고급 호텔에서 발견될 거야.

They **said** she **would be found** in an upscale hotel.

다들 그러던데. 그녀가 최고급 호텔에서 발견될 거라고 말이야.

주동사의 시제가 과거이면 뒤에 이어지는 절의 동사는 그에 맞춰서 형태가 바뀌게 됩니다. 그래서 was found가 had been found가 된 것이며, will이 would로 바뀐 것입니다. 이것을 '시제의 일치'라고 칭합니다.

---

**전치사구로 확장**

She was found in an upscale hotel **in her birthday suit.**

그녀는 벌거벗은 채로 최고급 호텔에서 발견되었다.

She was found in an upscale hotel **without anybody.**

그녀는 최고급 호텔에서 발견됐어. 같이 있는 사람은 없었고.

---

**접속사절로 확장**

She was found in an upscale hotel **while she was being unconscious.**

그녀는 최고급 호텔에서 발견되었는데 그때 그녀는 의식을 잃은 상태였다.

She was found in an upscale hotel **where she had been staying for three months.**

그녀는 3개월 동안 머물던 최고급 호텔에서 발견되었다.

# He was rushed to the hospital.

**그는 급히 병원으로 보내졌다.**

타동사 rush는 '~을 급히 수송하다'라는 의미입니다. 환자나 부상자를 병원으로 옮긴다고 말할 때 흔히 사용되지요. be rushed to는 '~로 급히 보내지다', '~로 급히 수송되다' 등으로 해석합니다. hospital은 '종합병원'에 해당됩니다.

**수 일치**

환자와는 무관하게 병원 자체를 말할 때는 a hospital이라고 합니다. 예를 들어 단순히 내 행선지를 가리켜 "나 지금 병원을 찾고 있는데."라고 말한다면 I'm looking for a hospital.이라고 하지요. 하지만 환자이기 때문에 병원에 간다고 말할 때는 the hospital을 써서 I'm going to the hospital.이라고 합니다. 그리고 "그가 병원에 입원해 있다."고 말할 때도 '환자'를 지칭하므로 He's in the hospital.이라고 표현합니다.

## **He was** rushed to **the** hospital.

그는 급히 병원으로 옮겨졌다.

## **They were** rushed to **the** hospital.

그들은 급히 병원으로 이송되었다.

## **The injured people were** rushed to **the** nearby hospitals.

부상자들은 급히 가까운 병원들로 보내졌다.

the injured 만으로 집합적 의미의 '부상자들'의 뜻을 전할 수 있지만 injured를 과거분사형 형용사로 써서 the injured people이라고 흔히 말합니다. people은 복수입니다.

**태의 변환**

He was rushed to the hospital.은 수동태 문장입니다. 그가 처했던 상태를 말하지요. 하지만 그를 병원으로 옮긴 사람을 강조할 때는 능동태 문장을 씁니다.

## They **rushed** him to the hospital.

그들이 그를 급히 병원으로 옮겼다.

## Nobody tried to **rush** him to the hospital.

아무도 서둘러 그를 병원으로 옮기려 하지 않았다.

## Why did you hesitate to **rush** him to the hospital?

왜 그를 서둘러 병원으로 옮기지 않고 망설였던 거야?

rush A to B의 형태는 우리에게 매우 익숙하지 않은 구문입니다. 따라서 표현이 나왔을 때 놓치지 않고 연습함으로써 문장 자체를 자신의 것으로 만들어야 합니다.

---

**시제 변화**

동사 rush의 의미상 현재 시제는 어울리지 않습니다. 평소에 늘 서둘러 사람을 병원으로 옮긴다는 말이나 평소에 늘 서둘러 병원으로 옮겨진다는 말은 존재하지 않기 때문입니다. 의미를 생각하지도 않고 무조건 시제나 형태를 바꾸는 연습은 무의미합니다.

## He **has been rushed** to the hospital.

그는 서둘러 병원으로 옮겨졌어. (그래서 다행히 위기를 넘기게 된 거야.)

## He **should be rushed** to the hospital.

그를 서둘러 병원으로 옮겨야 해.

## He **should have been rushed** to the hospital.

그를 서둘러 병원으로 옮겼어야 했어.

He **would be rushed** to the hospital.

(어느 모로 보나) 그는 서둘러 병원으로 옮겨질 거야.

시제는 문법의 핵심이지요. 문법 무용론을 주장하는 사람들이 도대체 영어를 제대로 할 수 있을까 의심스럽습니다. 문법의 내용을 모르면 언어는 그 무엇도 해결할 수 없습니다.

---

**전치사구로 확장**

He was rushed to the hospital **by passersby**.

그는 지나던 행인들에 의해서 병원으로 급히 옮겨졌어.

He was rushed to the hospital **after fainting on the street**.

그는 거리에서 기절한 후에 급히 병원으로 옮겨졌다.

---

**접속사절로 확장**

He was rushed to the hospital **and injected with Adrenalin**.

그는 급히 병원으로 옮겨졌고 아드레날린 주사를 맞았다.

He was rushed to the hospital **because he had been choking for air**.

그는 숨이 막혀 질식할 상태에 있었기에 급히 병원으로 옮겨졌다.

# He was warned about the potential for a pandemic.

**그는 전 세계적인 유행병의 발발 가능성에 대해서 경고 받았다.**

타동사 warn은 '~에게 경고하다', '~을 경고하다', '~에게 주의를 주다' 등을 뜻합니다. be warned는 '경고 받다', '주의를 받다' 등의 뜻이며, be warned about는 '~에 대해서 경고 받다', '~에 대한 주의를 받다' 등으로 이해합니다. potential은 '가능성', '잠재력' 등의 뜻을 포함하지요. 결국 be warned about the potential for는 '~의 가능성에 대해서 경고 받다'라는 의미가 되지요. pandemic은 '전 세계적인 유행병'입니다.

**수 일치**

이 표현에서 명사 potential은 셀 수 없는 명사로 쓰이고 있습니다. 명사 pandemic은 병의 한 종류이기 때문에 셀 수 있는 명사입니다.

He was warned about **the potential** for **a pandemic.**

그는 전 세계적인 유행병의 가능성에 대해서 경고 받았다.

**Pandemics** can mark **the beginnings** of new **ways** of being and of thinking.

세계적 유행병들은 새로운 생존 방식과 사고방식의 시작점이 될 수 있다.

When will the Covid-19 **pandemic** end?

세계적 유행병인 코로나19는 언제 끝나게 될까?

셀 수 있는 명사와 셀 수 없는 명사의 정확한 이해가 문장을 정확히 써내려 가는 근거가 되는 것입니다.

**태의 변환**

He was warned about the potential for a pandemic.는 수동태 문장입니다. 그가 처했던 상태를 말하지요. 누가 경고했는지를 강조할 때는 능동태 문장이 필요합니다.

They **warned** him about the potential for a pandemic.
그들이 전에 이미 세계적 유행병의 가능성에 대해서 그에게 경고와 주의를 줬어.

I **warned** you earlier.
난 너한테 진작에 경고했다. (주의줬다.)

You **should have warned** me about that.
그 사실에 대해서 진작에 네가 나한테 주의를 좀 줬으면 좋았을걸.

능동태는 주어의 행위를 강조하는 것이기 때문에 주어에 힘을 주어 해석하는 것이 좋습니다. 너무 밋밋하게 이해하거나 해석하면 능동태의 느낌이 살지 않습니다.

---

**시제 변화**

동사 warn의 3단 변화는 warn-warned-warned입니다. 현재분사형은 warning이지요.
과거분사는 형용사이며 '과거에 이미 이루어진 상태'를 뜻합니다.

He **has been warned** about the potential for a pandemic.
그는 이미 전 세계적인 유행병의 가능성에 대해서 경고 받았지. (그래서 준비가 철저했던 거야.)

He **will be warned** about the potential for a pandemic.
그는 전 세계적인 유행병의 가능성에 대해서 경고 받게 될 거야.

He **would be warned** about the potential for a pandemic.

(지금 이 정도의 상황이라면) 그는 당연히 전 세계적인 유행병의 가능성에 대해서 경고 받을 거야.

He **must have been warned** about the potential for a pandemic.

그는 이미 전 세계적 유행병의 가능성에 대해서 경고 받았음에 틀림없어.

문장의 의미를 주도하는 문법과 어휘를 정확히 이해해야 합니다.

---

**전치사구로 표현**

He was warned **about the danger of using it**.

그는 그 물건을 사용할 경우에 생기는 위험에 대해서 주의를 받았다.

He was warned **of the shortage of face masks**.

그는 마스크 부족 현상에 대한 경고를 받았다.

---

**접속사절로 표현**

He was warned **that the print business would die**.

그는 인쇄업은 결국 죽고 말 거라는 경고를 받았다.

He was warned **that China would not tolerate it**.

그는 중국에서 그것을 용인하지 않을 거라고 경고 받았다.

064

# He was arrested for defrauding his clients.

**그는 고객 사취죄로 체포되었다.**

타동사 arrest는 '~을 체포하다'라는 의미입니다. be arrested는 '체포되다'이지요. 체포된 이유는 전치사 for와 함께 표현합니다. 전치사의 정확한 의미를 알아야 동사와의 정확한 연결이 가능해집니다. defraud는 '~을 사취하다'라는 뜻입니다. client는 '고객'이니 defraud his clients는 '그의 고객들을 사취하다'라고 해석됩니다.

**수 일치**

'고객을 사취하다'를 영어로 적으라고 하면 defraud a client를 먼저 생각하게 됩니다. 하지만 a client는 '고객 한 사람을 사취하다'의 느낌이라서 일반적으로는 복수형을 쓰게 됩니다. defraud clients가 맞는 겁니다. '그의 고객 한 사람'이라면 his client가 맞고, '그의 고객들'이라면 his clients로 쓰는 게 옳습니다.

**He was** arrested for defrauding **his clients**.

그는 자신의 고객들을 사취한 죄로 체포되었다.

**He was** arrested for defrauding **his client**.

그는 자신의 고객을 사취해서 체포되었다.

**They were** arrested for defrauding **their clients**.

그들은 고객들을 사취해서 체포되었다.

대명사의 소유격은 일관성 있게 사용되어야 합니다. 대화나 글에서 우리가 흔히 틀리는 부분들 중의 하나가 바로 소유격의 선택입니다.

**태의 변환**

He was arrested for defrauding his clients.는 수동태 문장입니다. He가 체포된 이유를 설명하는 문장이므로 수동태가 쓰이는 것이고, 누가 그를 체포했는지가 중요하게 다루어져야 할 문장이라면 능동태를 쓰게 됩니다.

They **arrested** him for defrauding his clients.

그들은 고객을 사취했다는 명목으로 그를 체포했다.

How could the police **arrest** him for defrauding his clients?

경찰이 어떻게 그를 고객 사취죄로 체포할 수 있었을까?

They don't have sufficient evidence to **arrest** him for defrauding his clients.

그들은 그를 고객 사취죄로 체포하기에 충분한 증거를 가지고 있지 않아.

태를 변환할 때 신경 써야 할 부분은 시제의 일관성입니다. 그리고 단순한 변화가 아니라 의미의 변화가 동반된다는 사실을 절대 잊어서는 안 됩니다.

**시제 변화**

조동사 다음에 동사원형, 그리고 완료 시제에는 과거분사가 쓰인다는 사실은 본능 속에 자리 잡고 있어야 합니다. 그렇게 되려면 처음부터 문장을 익혀야 합니다. 단어와 문법의 형식을 외워서 억지로 문장을 만드는 버릇은 처음부터 만들지 말아야 합니다.

He **has been arrested** for defrauding his clients.

이게 다 그가 고객 사취죄로 체포되었기 때문에 생긴 일이야.

He **will be arrested** for defrauding his clients.

그는 자기 고객 사취죄로 체포될 거야.

He **would be arrested** for defrauding his clients.

(정황상 아무리 봐도) 그는 고객 사취죄로 체포될 거야.

He **will have been arrested** for defrauding his clients by that time.

그는 그때쯤 고객 사취죄로 이미 체포된 상태일 거야.

현재완료는 현재의 상황에 영향을 주기 때문에, 미래완료는 미래에 이미 일어나 있을 상황을 말하는 것이기 때문에 적절한 의역이 절대적으로 필요합니다.

---

**전치사구로 표현**

He was arrested **for beating his wife**.

그는 습관적으로 아내를 구타해서 체포됐어.

He was arrested **at about 5:30 a.m. on May 6**.

그는 5월 6일 새벽 5시 30분경에 체포되었다.

---

**접속사절로 표현**

He was arrested **because he had defrauded his clients**.

그는 그동안 자기 고객들을 사취해왔기 때문에 체포된 거야.

He was arrested **because he had sexually abused her**.

그는 그녀를 그동안 성폭력 했다는 이유로 체포되었다.

065

# He was asked to testify.

**그는 증언해 달라는 부탁을 받았다.**

ask는 '~을 부탁하다'라는 의미를 전하는 3형식 동사, 또는 '~에게 …을 부탁하다'라는 의미를 전하는 5형식 동사입니다. be asked to ~는 '~을 하도록 부탁을 받다'라는 의미를 전하지요. 주어가 to 이하의 행위를 하는 것입니다. to부정사는 '미래'의 의미를 갖습니다. 동사 testify는 '증언하다'라는 의미의 자동사로 쓰이고 있습니다. 자동사는 목적어를 갖지 않습니다.

**수 일치**

3인칭 주어 He와 연결되는 be동사의 과거는 was입니다. He는 3인칭에 '단수'입니다. 만일 '복수'라면 was가 아닌 were가 오겠지요. 하지만 He는 '단수'이기 때문에 반드시 was가 와야 합니다.

**He was** asked to testify.

그는 증언을 부탁 받았다.

**I was** asked to leave him alone.

나는 (자기를) 혼자 좀 있게 내버려두라는 부탁을 받았다.

**They were** asked to help her with food.

그들은 그녀가 음식을 제대로 먹을 수 있도록 도와주라는 부탁을 받았다.

그 사람이 나에게 Leave me alone.이라고 말한 사실을 남에게 전하는 상황이 바로 I was asked to leave him alone.입니다. help her with food는 '그녀가 음식 먹는 것을 돕다'로 이해합니다.

**태의 변환**

be asked to ~는 수동형 표현입니다. 이것이 능동의 형태로 바뀌면 ask somebody to ~가 되어 '누군가에게 ~을 부탁하다'라는 의미가 됩니다. 결국, 능동일 때는 '부탁하다', 수동일 때는 '부탁 받다'라는 의미가 되는 것입니다. ask의 과거형은 asked입니다.

## They **asked** him to testify.

그들이 그에게 증언을 부탁했어.

## He **asked** me to leave him alone.

그는 내게 자기를 혼자 있게 해달라고 부탁했다.

## I **asked** them to help her with food.

나는 그들에게 그녀가 음식 먹는 것을 도와주라고 부탁했다.

능동일 때는 주어의 능동적인 행동이, 수동일 때는 주어의 수동적인 상태가 강조됩니다. 따라서 문장에서 능동과 수동의 선택은 문장과 문장 간의 일관성 있는 의미 흐름에 결정적인 역할을 합니다.

**시제 변화**

주어가 He일 때 be동사의 현재는 is, 과거는 was, 과거분사는 been, 원형은 be입니다. 그리고 진행형은 being입니다.

## He **is asked** to testify.

그는 지금 증언해 달라는 부탁을 받은 상태야.

## He **was asked** to testify three hours ago.

그는 세 시간 전에 증언 부탁을 받았어.

## He **will be asked** to testify.

그는 증언해 달라는 부탁을 받게 될 거야.

He **has been asked** to testify.

그는 이미 증언해 달라는 부탁을 받은 상태야. (그래서 지금 고민 중이고.)

---

**전치사구로 확장**

He was asked to testify **by a lot of people**.

그는 많은 사람들로부터 증언 부탁을 받았어.

He was asked to testify **due to the reason**.

그가 증언을 해달라는 부탁을 받은 건 그런 이유 때문이었어.

---

**접속사절로 확장**

He was asked to testify **after the accident had happened**.

그 사고가 있은 후에 그는 증언을 해달라는 부탁을 받았던 거지.

He was asked to testify **because he had witnessed the accident**.

그가 그 사고를 목격했기 때문에 증언 부탁을 받은 거야.

## 066

# I was given a sedative in the hospital.

**나 병원에서 진정제 맞았어.**

타동사 give는 '~에게 …을 주다'라는 의미로 4형식 동사로 쓰입니다. was given은 '~이 주어졌다', '~을 받았다' 등의 의미로 이해하지요. 이 표현에서는 '주사를 맞았다'라는 의미로 쓰였습니다. sedative는 '진정제'라는 뜻을 지닌 명사입니다. '-ive'로 끝났다고 해서 형용사로 착각해서는 안 됩니다.

---

**수 일치**

1인칭 주어 I의 과거 시제 be동사는 was입니다. sedative는 셀 수 있는 명사입니다. 그래서 앞에 부정관사가 붙습니다. given sedative가 아니라 given a sedative라고 정확히 부정관사를 붙여야 합니다. 명사의 '수 표현'에 각별히 신경 쓰세요.

### **I was** given **a sedative** in the hospital.

나 병원에서 진정제 맞았어.

### **They were** given **sedatives** in the hospital.

그들은 병원에서 진정제를 맞았다.

### **Sedatives slow** down your brain activity.

진정제는 뇌의 활동 속도를 줄여준다.

일반적인 진정제를 통칭해서 말할 때는 sedatives처럼 복수형을 씁니다. slow는 동사로 쓰여서 slow down은 '~의 속도를 줄이다'라는 의미이며, brain activity는 '뇌 활동'입니다.

**태의 변환**

I was given a sedative in the hospital.은 수동태 문장입니다. 주어 I를 강조하고 있습니다. 느낌은 "내가 분명히 맞았다니까." 정도가 됩니다. 문장을 읽으면서 이런 느낌을 받기는 쉽지 않지요. 그래서 문법의 올바른 이해가 대단히 중요한 겁니다. '내가 맞은 사실'보다 '병원에서 주사를 놓은 사실'을 강조하고 싶으면 능동태 문장으로 바꾸어 사용합니다.

## They **gave** me a sedative in the hospital.

병원에서 나한테 진정제 놔주었어.

## Nobody **gave** me sedatives in the hospital.

아무도 병원에서 나한테 진정제를 놔주지 않았어.

## She **gave** him a sharp look.

그녀는 그를 매서운 눈초리로 보았다.

태가 바뀌면서 give는 능동태 문장에서 4형식 동사로 쓰이고 있습니다. '~에게 …을 주다'의 의미이지요.
a sharp look은 '날카로운 시선', '매서운 눈초리' 등의 의미로 이해합니다.

**시제 변화**

was given의 시제는 '과거'입니다. 주요 표현은 현재 시제로 사용 가능합니다. 물론 그에 따른 적절한 해석이 필요하지요. 해석이 가장 혼란스러운 현재와 현재완료에 꾸준히 관심을 가져야 합니다.

## I'm **given** a sedative in the hospital.

난 정기적으로 병원에서 진정제를 맞아. [평소의 규칙적인 습관]

**I've been given** a sedative in the hospital.
난 병원에서 진정제를 맞았잖아. (그래서 지금 많이 괜찮아진 거지.)

You**'ll be given** a sedative in the hospital.
넌 병원에서 진정제를 맞게 될 거야.

동사를 공부할 때 가장 중요한 부분이 시제입니다. 실제로 말하거나 글을 쓸 때 가장 빈번하게 틀리는 부분이 시제입니다. 시제 변화에 나온 문장들만 따로 집중적으로 훈련할 필요도 있습니다.

---

**전치사구로 표현**

I was given a sedative **without his permission**.
나는 그의 허락 없이 진정제 맞았어.

I was given a sedative **before having plastic surgery**.
나 성형수술 받기 전에 진정제를 맞았어.

---

**접속사절로 확장**

I was given a sedative in the hospital **as I've already told you**.
너에게 이미 말했던 것처럼 나 병원에서 진정제 맞았어.

I was given a sedative in the hospital, **where I had worked for**.
난 병원에서 진정제를 맞았어. 내가 전에 일했던 병원이야.

067

# I was offered another assignment.

**저는 다른 임무를 제의 받았습니다.**

타동사 offer는 '~을 제안하다', '~을 제의하다', '~을 권유하다', '~을 제공하다' 등을 뜻합니다. be offered는 '제안 받다', '권유 받다' 등으로 이해하지요. another는 an+other의 개념으로 '다른 하나의'라는 뜻으로 쓰이고 있습니다. assignment는 '임무', '직책', '배정' 등의 뜻으로 사용됩니다.

**수 일치**

another는 '지금 가지고 있는 것 말고 하나 더', 또는 '다른 것 하나'라는 의미로 흔히 쓰입니다. 따라서 복수가 아닌 단수 취급합니다. 따라서 another assignments가 아니라 another assignment가 맞습니다.

**I was** offered **another assignment.**

나는 다른 임무를 제안 받았다.

**I was** offered **other assignments.**

나는 다른 임무들을 제안 받았다.

**Each** of us **was** offered **a tough assignment.**

우린 각자 힘든 임무를 하나씩 제의 받았던 겁니다.

another와는 달리 other는 '하나 더'가 아닌 '다른'이라는 의미만을 포함합니다. other 뒤에는 단수 명사나 복수 명사 모두 올 수 있습니다.

**태의 변환**

I was offered another assignment.는 수동태 문장입니다. 내가 임무를 부여 받은 상태를 강조한 문장이지요. 하지만 나에게 임무를 부여한 사람을 강조하고 싶을 때는 능동태 문장을 이용하게 됩니다.

## He **offered** me another assignment.

그가 나에게 다른 임무를 제안했어.

## He **offered** me his full support.

그는 나에게 전폭적인 지원을 해주었다.

## Maybe we **offered** him the wrong job.

우리가 그에게 걸맞지 않은 일을 준 거 같아요.

타동사 offer는 능동태 문장에서 4형식 문장을 만들고 있습니다. 〈주어+동사+간접목적어+직접목적어〉가 4형식 문장의 어순입니다. '~에게 …을 제안[권유]하다'로 해석합니다.

---

**시제 변화**

offer의 3단 변화는 offer-offered-offered로 규칙 변화입니다. 문장을 주도하는 시제가 과거일 경우에 종속절에 쓰인 will이 would로 바뀌는 시제의 일치에 주의해야 합니다.

## I **have been offered** another assignment.

내가 또 다른 임무를 제의 받았거든. (그래서 지금 고민 중이야.)

## I **will be offered** another assignment.

나는 다른 임무를 제의 받게 될 거야.

## I **heard** I **would be offered** another assignment.

나는 다른 임무를 제의 받을 거라는 얘기를 들었어.

I **was told** that I **would be offered** another assignment.

내가 다른 임무를 제의 받을 거라고 전달 받았어.

hear는 '어떤 소리나 말을 듣는다'는 의미이고, be told는 '누군가에게서 어떤 이야기를 직접 전달 받았다'는 의미입니다.

---

**전치사구로 확장**

I was offered another assignment **by the ambassador.**

나는 대사로부터 직접 다른 임무를 제의 받았습니다.

I was offered another assignment **in front of many people.**

저는 많은 사람들 앞에서 다른 임무를 제의 받았죠.

---

**접속사절로 확장**

I was offered another assignment **right before I left my job.**

나는 일을 그만두기 직전에 다른 임무를 제의 받았어.

I was offered another assignment **while I was on a trip.**

나는 여행 중에 다른 임무를 제의 받았지.

# The driver was obscured by the roof of the cart.

**그 운전자는 카트의 지붕에 가려서 잘 보이지 않았다.**

타동사 obscure는 '~을 못 보게 방해하다', '~을 분명히 듣지 못하게 방해하다' 등을 뜻합니다. be obscured는 '뭔가의 방해를 받아서 잘 보이거나 들리지 않다'라는 의미이지요. roof는 '지붕'이라서 the roof of the cart는 '카트의 지붕'입니다. 골프 차의 지붕을 의미하는 것입니다.

**수 일치**

driver는 셀 수 있는 명사입니다. 복수형은 drivers이지요. 일반적인 운전자를 통칭해서 말할 때는 drivers를 씁니다. roof와 cart 모두 셀 수 있는 명사에 해당됩니다. 문장 안에서 의미상 한정적으로 정확히 명시되는 명사들의 경우는 정관사 the의 도움을 받게 됩니다.

**The driver was** obscured by **the roof** of **the cart**.

그 운전자는 카트의 지붕 때문에 잘 보이지 않았다.

**He was** obscured by **a shiny military cap**.

그는 빛나는 군모에 가려서 잘 보이지 않았어.

**His face was** obscured by **an oxygen mask**.

그의 얼굴은 산소마스크에 가려서 잘 보이지 않았다.

**The stars were** obscured by **the night clouds**.

별들이 밤 구름에 가려서 잘 보이지 않았다.

셀 수 있는 명사의 복수형은 정확히 명시되어야 하며 그에 따른 be동사의 변화 또한 오류 없이 표기되어야 합니다.

---

**태의 변환**

The driver was obscured by the roof of the cart.는 수동태 문장입니다. 운전자의 상태를 말한 것이지요. 운전자를 가린 물체를 강조할 때는 능동태를 이용합니다.

## The roof of the cart **obscured** the driver.

카트의 지붕이 운전자의 얼굴을 가렸다.

## A woolen scarf and hat almost **obscured** his head.

양모 스카프와 모자가 그의 머리를 거의 가렸다.

## Gray clouds **obscured** the peaks.

잿빛 구름들이 산 정상들을 가렸다.

낯설고 어렵게 느껴지는 동사들의 태 변화를 익히는 것은 쉬운 일이 아닙니다. 단어 자체가 주는 거리감 때문이지요. 다양한 예문들을 접하면서 그 문장들을 기억하기 위한 노력이 필요합니다.

---

**시제 변화**

obscure의 3단 변화는 obscure-obscured-obscured로 규칙 변화입니다. obscure는 형용사로도 쓰이기 때문에 동사와 혼동해서는 안 됩니다. 형용사는 명사를 수식합니다. 'obscure+명사'의 형태가 되면 그건 형용사로 쓰인 겁니다.

## The driver **is obscured** by the roof of the cart.

그 운전자는 지금 카트 지붕에 가려서 보이지 않는 상태야.

## The driver **will be obscured** by the roof of the cart.

그 운전자는 카트 지붕에 가려서 보이지 않는 상태일 거야.

The driver **would be obscured** by the roof of the cart.

(카트가 그렇게 제작된 거라면) 운전자는 카트 지붕에 가려서 보이지 않겠는걸.

시제의 선택은 곧 의미의 선택입니다. 시제가 뒤죽박죽 되지 않도록 문장의 정확한 이해가 필요합니다.

---

**전치사구로 표현**

The driver was obscured **by the shadow of the trees.**

그 운전자는 나무 그늘에 가려서 보이지 않았다.

The driver was obscured **by some people in front of him.**

그 운전자는 앞에 있는 사람들 때문에 잘 보이지 않았다.

---

**접속사절로 표현**

The driver was obscured **because he was among so many people.**

그 운전자는 너무 많은 사람들에 둘러싸여 있어서 잘 보이지 않았다.

The driver was obscured **even if he was wearing an exotic hat.**

그 운전자는 이국적인 모자를 쓰고 있었는데도 눈에 띄지 않았다.

069

# I got texted a picture from him.

**나 그에게서 사진 한 장을 문자로 받았어.**

타동사 text가 3형식 문장에 쓰일 때는 '~에게 문자를 보내다'라는 의미를 전하고, 4형식 문장에서는 '~에게 …을 문자로 보내다'라는 의미를 갖습니다. text a picture는 '문자로 사진을 보내다'가 되며, get texted a picture는 '문자로 사진을 받다'라는 의미를 전합니다.

---

**수 일치**

수의 일치에 주어와 동사의 수 일치만 해당되는 건 아닙니다. 명사의 수 일치 역시 대단히 중요합니다. 셀 수 있는 명사일 때는 그것이 단수일 때 명사 앞에 반드시 a나 an을 붙여줘야 합니다. 복수일 때는 당연히 복수형을 써야 되지요. 말할 때는 물론이고 글을 쓸 때 명사의 수 일치는 절대적으로 중요합니다.

I got texted **a picture** from him.

난 그에게서 사진 한 장을 문자로 받았어.

I got texted **pictures** from him.

그에게서 여러 장의 사진을 문자로 받았어.

I didn't expect to get texted **pictures** from him.

나는 그에게서 문자로 사진을 여러 장 받게 되리라고는 생각도 못했어.

단수와 복수형을 갖는 품사는 명사밖에 없습니다. 명사의 수 개념은 동사의 형태 변화와 관사의 선택을 유도합니다.

**태의 변환**

I got texted a picture from him.은 수동태 문장입니다. 문자를 받은 '나' 중심으로 말할 때 수동태를 씁니다. 반면에 내게 문자를 보낸 사람을 중요하게 다룰 때는 능동태 문장을 이용하게 되지요.

## He **texted** me a picture.

그가 나한테 사진 한 장을 문자로 보냈어.

## Somebody **texted** me a picture.

누군가 내게 사진 한 장을 문자로 보냈어. (누가 보낸 걸까?)

## What did he **text** me a picture for?

(다른 사람도 아니고) 그가 무엇 때문에 나한테 사진을 문자로 보낸 걸까?

능동태는 말 그대로 주어의 능동적인 행위를 말합니다. 에너지가 느껴지지요. 반면에 수동태는 주어가 처한 상태를 말합니다. 소극적이고 정적인 느낌을 전합니다.

**시제 변화**

got texted는 과거 시제입니다. 만일 시제가 현재로 바뀌면 목적어로 쓰인 a picture는 의미상 매우 어색합니다. 복수형인 pictures로 바꾸는 것이 자연스럽습니다.

## I **get texted** pictures from him.

나는 평소에 그로부터 사진들을 문자로 받아.

## I**'ve gotten** texted pictures from him.

나는 전에도 그로부터 사진을 문자로 받았어. (그래서 난 지금 익숙한데.)

## I**'ll get texted** a picture from him.

나는 그에게서 사진 한 장을 문자로 받을 거야.

be동사를 이용한 수동태는 '상태'를 말하고, get을 이용한 수동태는 '동작'을 강조합니다.

---

**전치사구로 확장**

I got texted a picture from him **at night.**

난 밤에 그에게서 사진 한 장을 문자로 받았어.

I got texted a picture from him **on a sudden.**

난 갑자기 그에게서 문자로 사진을 한 장 받았어.

---

**접속사절로 확장**

I got texted a picture from him **when I was with my wife.**

난 아내와 함께 있는데 그로부터 사진 한 장을 문자로 받았어.

I got texted a picture from him **as soon as I got back home.**

난 집에 돌아오자마자 그에게서 문자로 사진 한 장을 받았어.

# The party was attended by notable people.

**그 파티에는 유명한 사람들이 참석했다.**

타동사 attend는 '~에 참석하다'라는 의미입니다. be attended는 '참석하다'로 흔히 해석됩니다. notable은 '유명한', '주목할 만한' 등의 의미로 쓰이지요. 따라서 notable people은 '유명한 사람들', '저명한 사람들' 등으로 해석합니다.

---

**수 일치**

the party는 3인칭 단수입니다. 따라서 과거 시제는 was가 되지요. party의 복수형은 parties입니다. 주어가 the parties로 바뀌면 was는 were로 바뀝니다.

**The party was** attended by notable **people.**

그 파티에는 저명인사들이 참석했어.

**The parties were** attended by notable **people.**

그 파티들에는 유명한 사람들이 참석했던데.

**The funeral was** attended by over **two hundred people.**

그 장례식에는 200명 이상이 참석했다.

people은 '많은 사람들'만을 의미하지 않습니다. 두 사람 이상이면 모두 people이라고 칭합니다.

---

**태의 변환**

The party was attended by notable people.은 파티의 상태를 강조한 수동태 문장입니다. 파티에 참석한 사람을 강조하고 싶다면 능동태 문장으로 바꾸게 됩니다.

Notable people **attended** the party.

유명한 사람들이 그 파티에 참석했다.

Not many people **attended** the meeting.

많지 않은 사람들이 그 회의에 참석했다.

I **attended** their occasional parties.

나는 그들이 가끔 여는 파티에 늘 참석했다.

우리는 능동태 문장에만 익숙해져 있습니다. 하지만 수동태 문장에도 어색하지 않아야 글이나 말의 흐름을 적절히 조절할 수 있는 능력이 생깁니다.

---

**시제 변화**

이 표현은 의미의 특성상 모든 시제가 다 어울립니다. 현재 시제는 '늘', '항상', '보통' 등의 의미를 넣어서 이해한다는 사실을 기억해야 합니다. 조동사 will은 '확실한 미래'를 말할 때 씁니다.

The party **is attended** by notable people.

그 파티에는 보통 유명한 사람들이 참석해.

The party **will be attended** by notable people.

그 파티에는 유명한 사람들이 참석할 거야.

The party **would be attended** by notable people.

(과거에도 그랬듯이 이번에도) 그 파티에 유명한 사람들이 참석할 거야.

I **heard** that the party **was attended** by notable people.

그 파티에는 원래 유명한 사람들이 참석한다고 얘기 들었어.

동사의 목적어로 '절'이 올 때는 그 '절'의 시제가 동사의 시제에 영향을 받습니다. 원래 '절'의 시제가 현재일지라도, 주동사의 시제가 과거라면 '절'의 시제 역시 과거로 바뀌는 것이지요. 하지만 원래 문장의 현재가 갖는 의미는 변하지 않습니다.

---

**전치사구로 확장**

The party was attended by notable people **around the world**.

그 파티에는 전 세계의 유명인들이 참석했다.

The party was attended by notable people **from South Korea**.

그 파티에는 한국에서 온 유명인들이 참석했다.

---

**접속사절로 확장**

The party was attended by notable people **as had been expected**.

그 파티에는 예상했던 대로 유명인들이 참석했다.

The party was attended by notable people **who were close to him**.

그 파티에는 그와 가까운 유명인들이 참석했다.

071

# The party was hosted by her.

**그 파티는 그녀가 열었다.**

타동사 host는 '행사나 파티를 주최하다'라는 의미입니다. 행사에는 '월드컵'이나 그와 같은 대형 행사들도 포함됩니다. be hosted는 '주최되다', '열리다' 등의 뜻이지요. host가 명사로 쓰일 때는 '손님을 초대한 주인', '주최자', '주최국', 또는 'TV나 라디오 프로그램의 진행자'라는 의미를 갖습니다.

**수 일치**

명사 party는 셀 수 있는 명사입니다. 따라서 복수형이 존재하지요. parties가 party의 복수형입니다. party는 '파티'뿐 아니라 '정당'이나 '단체'라는 의미를 포함한다는 사실도 기억해야 합니다.

**The party was** hosted by her.

그 파티는 그녀가 주최한 거야.

**The parties** I had opposed **were** hosted by her.

내가 이미 반대했던 파티들을 그녀가 모두 주최했다.

**The cocktail party** where I met him **was** hosted by her.

내가 그를 만났던 그 칵테일 파티는 그녀가 주최한 거였어.

주어를 수식하는 구나 문장에 현혹되어서 주어의 수를 놓치면 안 됩니다. 문장이 길어질수록, 수식어가 많아질수록 주어를 찾기가 힘들어질 수 있습니다.

**태의 변환**

The party was hosted by her.는 수동태 문장입니다. 파티의 상태를 말하고 있지요. 파티를 연 사람을 강조하고 싶을 때는 능동태 문장을 이용합니다.

## She **hosted** the party.

그녀가 그 파티를 열었어.

## I don't care who **hosted** the dinner party.

난 누가 그 저녁 파티를 열었는지는 전혀 관심 없어.

## Is there anybody who wants to **host** the party?

누구 그 파티를 주최하고 싶은 사람 있나요?

그냥 눈으로만 보고 넘어가는 건 올바른 영어 학습이 아닙니다. 이 정도의 간단한 문장들은 정확한 발음으로 소리 내어 읽는 연습을 통해서 기억해 두는 것이 좋습니다.

**시제 변화**

각 시제마다 정확한 의역이 필요한 문장입니다. 시제가 갖는 미세한, 하지만 확실한 의미의 차이가 있습니다. 반복되는 시제라도 문장이 달라지면 의역이 매번 새롭습니다.

## The party **is hosted** by her.

그건 늘 그녀가 주최하는 파티야.

## The party **is being hosted** by her.

그 파티는 그녀가 주최할 거야.

## The party **has been hosted** by her.

그 파티는 늘 그녀가 주최해왔어. (그래서 지금 성대하게 잘 진행되고 있는 거지.)

The party **would be hosted** by her.

그 파티의 성격으로 보아 그녀가 주최하게 될 거야, 아마.

현재 시제와 현재완료의 이해에 신경 써야 합니다. 그리고 현재진행형 수동태 'be being p.p.'는 '이미 정해진 가까운 미래의 일'을 말할 때 흔히 사용되기 때문에 그에 따른 정확한 해석이 필요합니다.

---

**전치사구로 확장**

The party was hosted by her **on behalf of her family.**

그 파티는 가족을 대표해서 그녀가 주최했다.

The party was hosted by her **at their strong request.**

그 파티는 그들의 강력한 요청에 따라 그녀에 의해 주최되었다.

---

**접속사절로 확장**

The party was hosted by her **even if it had nothing to do with her.**

그 파티가 그녀와는 아무런 상관이 없었지만 어쨌든 그녀가 주최했다.

The party was hosted by her **because there was no one else who wanted to be a host.**

그 파티는 그녀가 주최했어. 주최하고자 하는 다른 사람이 아무도 없었거든.

072

# The scarves were neatly folded.

**스카프들이 깔끔하게 접혀 있었다.**

타동사 fold는 '~을 접다', '~을 개키다' 등을 뜻합니다. be folded는 '접힌 상태이다', '개켜진 상태이다'의 뜻이지요. neatly는 '깔끔하게'입니다. 따라서 be neatly folded는 '깔끔하게 개켜져 있다'로 해석합니다. 명사 scarf의 복수형은 scarves입니다. 철자를 정확히 기억해야 할 어휘입니다.

---

**수 일치**

명사의 복수형이 쉽지 않은 어휘들이 있습니다. 그중에도 끝이 -f나 -fe로 끝나는 어휘들에 주의해야 합니다. scarf와 knife, leaf 등이 대표적이지요. 이런 어휘들은 f를 ves로 바꾸어 복수형을 만듭니다. 따라서 각각 scarves, knives, leaves 등이 됩니다.

## **The scarves were** neatly folded.

스카프들이 깔끔하게 개켜져 있었다.

## I bought myself **scarves.**

내가 쓸 스카프들을 좀 샀어.

## I'm looking for **some scarves.**

스카프를 좀 살까 하는데요.

물론 scarf의 복수형도 중요하지만 이것을 정확히 발음하는 것도 그 이상으로 중요합니다. 단어의 정확한 발음은 물론 문장을 제대로 발음할 수 있도록 연습해야 합니다.

**태의 변환**

The scarves were neatly folded.는 수동태 문장입니다. 스카프의 상태를 강조한 문장이지요. 만일 누가 스카프를 깔끔하게 정리해 놓았는지를 강조하고 싶다면 능동태 문장을 이용해야 합니다.

## She neatly **folded** the scarves.

그녀가 스카프들을 깔끔하게 개켜 놓았습니다.

## I'd like you to neatly **fold** the scarves.

당신이 스카프들을 깔끔하게 개켜 주면 좋겠는데.

## There's no one who can neatly **fold** the scarves.

스카프를 깔끔하게 개켜 놓을 수 있는 사람이 없어.

우리말과 영어가 크게 다르지 않아요. 능동과 수동을 써야 하는 상황이 말입니다. 상황에 맞게 본능적으로 능동과 수동의 선택이 이루어지지요. 수동태를 써야 할 상황에서 문장이 생각나지 않아 무조건 능동태를 쓰게 되는 상황을 피하도록 노력해야 합니다.

**시제 변화**

시제도 마찬가지입니다. 상황에 맞는 시제가 본능적으로 튀어나와야 되지요. 억지로 생각해서 시제를 선택하는 건 아닙니다. 다만 내가 생각하는 의도와 시제의 의미가 정확히 맞아 떨어지려면 평소에 시제에 대한 이해가 매우 세밀하게 이루어져야 합니다.

## The scarves **are** neatly **folded**.

스카프들이 깔끔하게 잘 접혀 있네.

## The scarves **have been** neatly **folded**.

스카프들이 깔끔하게 개켜져 있었어. (그래서 손님들이 우릴 훌륭하게 생각하는 거야.)

The scarves **should be** neatly **folded.**

스카프들은 깔끔하게 접혀 있어야 해.

The scarves **should have been** neatly **folded.**

스카프들이 깔끔하게 개켜져 있었으면 좋았을 것을.

상상 속의 문법, 문법을 위한 문법은 아무런 의미가 없습니다. 실제로 활용할 수 있는 문법이 되도록 반복적인 연습이 필요합니다.

---

**전치사구로 확장**

The scarves were neatly folded **on the shelf.**

스카프들이 깔끔하게 접혀서 선반 위에 놓여 있었다.

The scarves were neatly folded **among other exhibits.**

스카프들이 다른 전시품들 사이에 깔끔하게 개켜져 있었다.

---

**접속사절로 확장**

The scarves were neatly folded **like they had always been.**

스카프들은 늘 그래왔던 것처럼 깔끔하게 개켜져 있었다.

**While we were looking around, we found** the scarves neatly folded.

둘러보다가 우리는 스카프들이 깔끔하게 접혀 있는 걸 발견했죠.

# Many topics were covered.

**많은 주제들이 다뤄졌다.**

타동사 cover는 '~을 다루다', '~을 포함시키다' 등을 뜻합니다. 우리가 일반적으로 알고 있는 '~을 덮다'라는 의미에서 전혀 벗어나지 않습니다. 우리가 어떤 대화의 주제들(topics)을 하나하나 덮어 나간다는 것은 그것들을 하나하나 다루거나 포함시키는 뜻이 되기 때문입니다. be covered는 '다루어지다', '포함되다' 등으로 해석됩니다.

**수 일치**

topic은 '대화나 뉴스의 주제'이기 때문에 셀 수 있는 명사입니다. many는 셀 수 있는 복수 명사 앞에 쓰이지요. 따라서 topic이 아니라 topics가 와야 합니다. be동사는 역시 복수 명사와 함께 하는 were가 쓰입니다.

## **Many topics were** covered.

많은 주제들이 다뤄졌습니다.

## **The topic was** fully covered.

그 주제는 충분히 다뤄졌습니다.

## **Some** of the topics **weren't** covered.

그 주제들 중 몇몇은 다뤄지지 않았어.

일반 명사가 주어로 나올 때 수의 일치가 전혀 어렵지는 않지만 그렇기 때문에 더욱 더 신경 써서 실수하지 않도록 주의해야 합니다.

**태의 변환**

Many topics were covered.는 수동태 문장입니다. 주제의 상태를 말하고 있지요. 하지만 주제를 다루는 사람을 강조해야 할 때는 능동태를 사용하게 됩니다.

## The professor **covered** many topics.

그 교수는 많은 주제들을 다루었다.

## The insurance policy doesn't **cover** the damage.

그 보험은 그런 손상은 보상 대상에 포함하지 않습니다.

## They **covered** stories about love, work, and family.

그들은 사랑과 일, 그리고 가족에 관한 이야기들을 다루었다.

태의 변환에 익숙해지지 않는 어휘들이 있습니다. 그 어휘들의 정확한 의미가 와닿지 않아서 그럴 수 있지요. 어휘가 갖는 의미의 정확한 이해는 태의 변화에 익숙해지게 하는 것은 물론 문장 전체의 이해에 결정적인 역할을 합니다.

**시제 변화**

수동태 문장이 갖는 다양한 시제는 정확한 의역이 쉽지 않습니다. 직역에만 매달리지 않고 의역에 충실할 수 있는 해석 연습이 필요합니다.

## Many topics **are covered**.

평소에 많은 주제들이 다뤄집니다.

## Many topics **are being covered**.

지금 많은 주제들이 다뤄지고 있습니다.

## Many topics **will be covered**.

많은 주제들이 다뤄지게 될 겁니다.

Many topics **would be covered.**

(과거의 경험으로 비추어 보면) 많은 주제들이 다뤄지겠죠.

Many topics **must have been covered.**

분명히 많은 주제들이 다뤄졌을 겁니다.

한 문장의 길이는 문장 이해의 난이도와는 별 상관이 없습니다. 한 문장의 구성 요소인 어휘와 문법의 정확한 이해만 있으면 문장은 그 길이와 관계 없이 무난하게 이해 가능합니다.

---

**전치사구로 확장**

Many topics were covered **in the class.**

많은 주제들이 그 수업 시간에 다뤄졌어.

Many topics were covered **at the conference.**

그 학회에서 많은 주제들이 다뤄졌지.

---

**접속사절로 확장**

**I hear that** many topics were covered.

듣자 하니 많은 주제들이 다뤄졌다던데.

Many topics were covered **and there were heated discussions.**

많은 주제가 다뤄졌고 열띤 토론들이 있었습니다.

074

# Photos were taken for an ad.

**광고에 쓸 목적으로 사진을 찍었다.**

타동사 take가 '~을 찍다'라는 의미로 쓰이고 있습니다. take a photo 또는 take photos는 '사진을 찍다'입니다. photo는 photograph를 줄인 단어입니다. photos were taken은 '사진이 찍혔다'가 직역이지요. 전치사 for는 '목적'을 말할 때 사용됩니다. ad는 '광고'입니다. advertisement를 줄인 단어입니다. 따라서 for an ad는 '광고를 위해서', '광고를 목적으로' 등으로 이해합니다.

**수 일치**

명사 photo는 셀 수 있는 명사입니다. 따라서 a photo 또는 photos로 표기합니다. photoes가 되지 않도록 주의해야 합니다. 명사의 복수형은 각별히 신경 쓸 필요가 있습니다. 명사 ad 역시 셀 수 있습니다. 따라서 an ad나 ads로 표기합니다.

## **Photos were** taken for **an ad.**

광고용으로 사진을 찍었다.

## **This photo was** taken less than **an hour** ago.

이 사진이 찍힌 건 한 시간도 되지 않습니다.

## **The photo** can be used in **an ad.**

그 사진은 광고에 사용할 수 있겠는데.

less than은 '~보다 적은'이라는 뜻입니다. 따라서 less than an hour는 '한 시간도 되지 않는 시간'을 의미하지요. hour는 자음으로 시작하지만 발음의 시작은 모음이기 때문에 a hour가 아닌 an hour라고 씁니다.

**태의 변환**

Photos were taken for an ad.는 수동태 문장입니다.
사진의 상태를 강조해서 말하고 싶을 때 사용하지요.
사진을 찍은 사람 중심으로 말할 때는 능동태를 씁니다.

I **took** photos for an ad.
나는 광고용으로 사진을 찍었다.

A photographer **took** a photo of my house.
사진사가 우리 집 사진을 찍었다.

Someone **took** photos of the terrible wreck of the car.
누군가 끔찍하게 파손된 차량의 사진을 찍었다.

take a photo of는 '~의 사진을 찍다'라는 의미입니다.
photographer는 '사진사'를 뜻하지요. terrible은
'끔찍한'이며, wreck of the car는 '자동차의 심하게
파손된 모습'을 뜻합니다.

---

**시제 변화**

동사 take의 3단 변화는 take-took-taken입니다.
현재분사형은 taking이지요. 불규칙 변화에 해당되므로
철자를 정확히 기억하는 것이 중요합니다.

Photos **have been taken** for an ad.
광고용으로 사진을 이미 다 찍어 놓은 상태야. (그래서 지금 사진은 충분해.)

Photos **are being taken** for an ad.
광고용으로 곧 사진을 찍을 겁니다.

Photos **would be taken** for an ad.
광고를 하기로 했으면 광고 사진을 찍어야겠지.

Photos **should have been taken** for an ad.

광고용 사진을 찍었어야 했는데. (왜 찍지 않았던 걸까?)

모든 문법 항목은 이론적으로 설명만 들어서는 이해되지 않습니다. 실제 상황을 염두에 두고 그 앞뒤 상황에 맞는 정확한 해석을 하는 연습이 필요합니다.

---

**전치사구로 확장**

Photos were taken for an ad **in his studio**.

그의 스튜디오에서 광고용 사진을 찍었다.

Photos were taken for an ad **at dawn**.

새벽에 광고용 사진을 찍었어.

---

**접속사절로 확장**

Photos were taken for an ad **when natural lighting was good**.

자연 채광이 좋을 때 광고용 사진을 찍었어.

Photos were taken for an ad **while the advertiser was waiting**.

광고주가 기다리는 동안 광고용 사진을 찍었어.

075

# It was written in a hurry.

**그건 급히 쓰여진 거였어.**

be written은 '쓰여 있다'라는 의미입니다. in a hurry는 '급히'를 뜻하는 전치사구이며 의미로는 부사에 해당됩니다. 문장 전체는 2형식에 해당됩니다. 과거분사형인 written을 형용사로 간주합니다. 주어 it의 보어로 쓰인 겁니다.

---

**수 일치**

3인칭 단수 it의 be동사 현재형은 is입니다. 그 과거형은 was이지요. 주어에 따라 변하는 동사의 형태에 각별히 주의해야 합니다.

## **It was** written in a hurry.

(글씨체를 보니) 그건 급히 쓰여진 거였어.

## **They were** written in a hurry.

그것들은 급히 쓰여진 게 맞네.

## **Articles were** written against the government.

기사들이 정부의 정책에 반대하는 내용들로 쓰여졌다.

article은 셀 수 있는 명사입니다. 따라서 articles가 가능하지요. 전치사 against는 '~에 반대되는'이라는 의미를 갖습니다. 따라서 articles against the government는 '정부에 반대하는 기사들'이라는 뜻입니다.

**태의 변환**

write는 타동사입니다. write의 3단 변화는 write-wrote-written이지요. written은 과거분사이자 형용사이며 be written처럼 수동형을 만듭니다. 따라서 It was written in a hurry.는 수동태 문장입니다. 그것을 누가 급히 쓴 건가가 중요한 게 아니라 그게 '급히 쓰여졌다'는 사실이 중요한 것이므로 수동태 문장이 나온 겁니다. 만일 '누가 쓴 건가'가 중요하게 다루어지는 경우라면 단연히 능동태 문장을 쓰게 됩니다.

## Somebody **wrote** it in a hurry.

누군가가 그걸 급히 썼던 거야.

## He **wrote** historical novels.

그는 역사 소설을 썼다.

## She **wrote** something on the blackboard behind her.

그녀는 자기 뒤에 있는 칠판에 뭔가를 적었다.

태에 맞추어서 생성 가능한 문장들을 정확히 이해하고 적극적으로 활용하는 연습이 필요합니다.

**시제 변화**

시제를 포함하는 건 동사입니다. was는 is의 과거형입니다. 과거는 현재와 연결 지점이 없습니다. 연결이 필요하다면 현재완료의 도움을 받게 됩니다. 'is being+과거분사(p.p.)'는 '현재진행 수동태', 'was being+과거분사(p.p.)'는 '과거진행 수동태'입니다. 주어가 현재, 그리고 과거에 진행되고 있던 상태를 말하는 것입니다.

## It **has been written** in a hurry.

그건 급히 쓰여진 거야. (그래서 글씨가 좀 엉망이잖아.)

It **is being written** in a hurry.

그건 지금 급히 쓰여지고 있어.

It **must have been written** in a hurry.

그건 급히 쓰여진 게 틀림없어. (글씨가 엉망이잖아.)

It **will be written** in a hurry.

그건 급히 서둘러 쓰여질 거야. (그건 그렇게 여유 있게 쓰여질 수 있는 상황이 아니야.)

진행형 수동태는 익숙하지 않기 때문에 문장들을 정확히 기억해 두는 것이 좋습니다.

---

**전치사구로 확장**

It was written in a hurry **by them**.

그건 그들에 의해서 급히 쓰여진 거야.

It was written in a hurry **just for fun**.

그건 그냥 재미로 급히 쓰여진 것뿐이었어.

---

**접속사절로 확장**

It was written in a hurry **because there wasn't enough time**.

그건 충분한 시간이 없었기 때문에 급히 쓰여진 거였어.

It was written in a hurry **when they were in a meeting**.

그건 그들이 회의 중일 때 급히 쓰여진 거야.

# The radio was tuned to a classical FM broadcast.

**라디오 채널은 FM 클래식 방송에 맞춰져 있었다.**

타동사 tune은 '~에 채널을 맞추다'라는 의미입니다. be tuned to는 '~에 채널이 맞춰져 있다'는 뜻이지요. 명사 broadcast는 '방송'을 의미합니다. 따라서 be tuned to a broadcast는 '어떤 방송에 채널이 맞춰져 있다'라는 의미를 전합니다.

**수 일치**

be동사가 쓰였으므로 수의 일치에 절대적인 신경을 써야 합니다. The radio는 단수에 해당됩니다. 그리고 시제는 과거이므로 반드시 was를 써야 하지요. 물론 주어가 The radios로 복수라면 were가 뒤에 오겠죠. 단수와 복수의 개념에 흔들림이 없어야 합니다.

**The radio was** tuned to a classical FM broadcast.

라디오는 클래식 FM 방송에 맞춰져 있었어.

**The radios were** tuned to a classical FM broadcast.

라디오들은 전부 클래식 FM 방송에 맞춰져 있었습니다.

**All of the TV sets were** tuned to CNN.

모든 TV들이 CNN에 맞춰져 있었다.

All of the TV sets는 줄여서 All TV sets로도 표현됩니다. 완성된 TV를 구성하는 모든 부품들을 강조한 어휘가 TV set입니다. 예전에는 TV set가 자주 쓰였지만 지금은 거의 TV로 대체되었지요. 영화나 드라마, 그리고 소설 속에서 TV set가 발견되고 들릴 때 당황하지 않고 이해할 수 있어야 합니다.

**태의 변환**

The radio was tuned to a classical FM broadcast.는 수동태 문장입니다. 라디오가 이미 특정 채널에 맞춰져 있는 상태를 강조하고 싶어서 사용된 문장입니다. 만일 라디오 채널을 맞추어 놓은 사람을 강조하고 싶다면 능동태 문장으로 바꾸는 게 맞습니다.

Somebody **tuned** the radio to a classical FM broadcast.

누군가가 라디오를 클래식 FM 방송에 맞춰 놓았어.

Did you **tune** the radio to a classical FM broadcast?

네가 라디오를 클래식 FM 방송에 맞춰 놓은 거야?

Who **tuned** the radio to a classical station?

누가 라디오를 클래식 채널에 맞춰 놓은 거야?

broadcast는 완성된 프로그램의 '방송'을 의미하고, station은 프로그램을 제작하고 방송하는 '방송국'입니다. 라디오와 TV에는 방송국별로 채널이 정해져 있기 때문에 station을 '채널(channel)'이라고 말하기도 합니다.

**시제 변화**

was tuned to는 '이미 ~에 맞춰져 있었다'는 의미의 과거 시제입니다. 현재 시제를 포함해서 어떤 시제도 사용 가능한 표현입니다.

The radio **is tuned** to a classical FM broadcast.

라디오는 지금 클래식 FM 방송에 맞춰져 있는 상태입니다.

The radio **has been tuned** to a classical FM broadcast.

라디오는 계속 클래식 FM 방송에 맞춰져 있었어.

The radio **will be tuned** to a classical FM broadcast.
라디오는 클래식 FM 방송에 맞춰져 있을 거야.

시제를 계속 연습해야 하는 이유는 시제 감각이 발달해야 하나의 이야기를 말하거나 글로 쓸 때 그 이야기의 흐름에 일관성을 유지할 수 있기 때문입니다. 시제가 들쑥날쑥 하면 어떤 이야기를 해도 설득력을 잃게 됩니다.

---

**전치사구로 확장**

The radio was tuned to a classical FM broadcast **without my permission.**
내 허락도 없이 라디오가 클래식 FM 방송에 맞춰져 있었어.

The radio was tuned to a classical FM broadcast **by somebody we didn't know.**
라디오는 우리가 모르는 누군가에 의해서 클래식 FM 방송에 맞춰져 있었어.

---

**접속사절로 확장**

The radio was tuned to a classical FM broadcast **when I entered the room.**
내가 그 방에 들어갔을 때 라디오는 클래식 FM 방송에 맞춰져 있었어.

The radio was tuned to a classical FM broadcast **before we got there.**
라디오는 우리가 거기에 도착하기 전에 이미 클래식 FM 방송에 맞춰져 있었어.

077

# The steel door was unlocked.

**그 철문이 열린 상태였다.**

타동사 unlock은 '자물쇠로 잠겨 있던 뭔가를 열쇠로 열다'라는 의미입니다. 동사 lock이 '~을 자물쇠로 잠그다'이며 그것을 원상태로 돌린다는 의미에서 접두사 un-을 사용한 것이지요. 따라서 '~을 열다'보다는 '~을 원상태로 돌리다'에 가깝습니다. be unlocked는 '잠그기 전의 상태로 돌아가 있다', '열려 있다' 등으로 이해합니다. steel door는 '철문'을 의미합니다.

---

**수 일치**

steel door, 즉 단수로 쓰인 것으로 보아 열리는 문이 하나인 것이죠. 문이 두 개 붙어 있는 경우라면, 그래서 두 개의 문이 다 열리는 경우라면 당연히 복수형인 doors를 써야 합니다.

**The steel door was** unlocked.

그 철문이 열린 상태였습니다.

**The steel doors were** pushed open.

그 철문은 밀어서 열린 상태였다.

**The doors were** shut behind him.

문이 그의 등 뒤로 닫혔다.

문장에 쓰인 어휘들의 형태를 그러려니, 또는 당연스럽게 받아들이면 안 됩니다. 여러분이 그 어휘들을 실제로 구사할 때는 절대 당연하게 구사되지 않습니다. 문장을 발음할 때 시선은 정확히 그 문장을 바라보고 있어야 합니다. 그래야 정확한 발음을 할 수 있으며, 발음과 어휘의 형태가 정확히 기억되어 나중에 엉뚱하게 실수하지 않습니다.

**태의 변환**

The steel door was unlocked.는 수동태 문장입니다. 문의 상태를 말하고 있지요. 만일 문을 열쇠로 연 사람을 강조하고 싶다면 능동태 문장을 이용합니다.

## The supervisor **unlocked** the steel door.

관리자가 그 철문을 열쇠로 따줬어.

## Find out who could **unlock** the door.

(이 상황에서) 누가 그 문을 열 수 있는지 확인해봐.

## It was hard for us to **unlock** the steel door.

우리가 그 철문을 열기가 얼마나 힘들었는데.

화자의 입장에서 태의 일관성을 유지하기는 매우 어렵습니다. 일관성의 유지는 논리적인 흐름의 유지와 크게 다르지 않습니다. 일관성의 유지를 위해서는 능동태와 수동태의 의미상의 차이를 완벽하게 이해하고 있어야 합니다.

**시제 변화**

unlock의 3단 변화는 규칙 변화입니다. unlock-unlocked-unlocked이지요. 현재분사형은 unlocking입니다.

## The steel door **is unlocked**.

그 철문은 지금 열린 상태야.

## The steel door **will be unlocked**.

그 철문은 앞으로 자물쇠를 열어 놓을 거야.

## The steel door **is going to be unlocked**.

그 철문은 앞으로 계속 열린 상태일 겁니다. (분명히 그렇게 되도록 하겠습니다.)

The steel door **has to be unlocked.**

그 철문은 당연히 열려 있어야 하는 거야. (그렇게 하도록 되어 있어.)

부정사는 '미래'의 의미를 포함하므로 to be unlocked는 '앞으로 자물쇠가 풀려 있는 상태일 것이다'라는 의미이며 그 미래에 일어날 일을 '지금 가지고 있다'가 has입니다. 따라서 '당연히 미래에 그래야 된다'라는 뜻으로 have[has] to를 사용하는 것입니다.

---

**전치사구로 확장**

The steel door was unlocked **against all expectations.**

그 철문은 예상과는 달리 이미 열려져 있는 상태였습니다.

The steel door was unlocked **by burglars.**

그 철문은 강도들에 의해서 열린 상태였어.

---

**접속사절로 확장**

The steel door was unlocked **when we arrived there.**

우리가 거기 도착했을 때 그 철문은 이미 열려 있었어.

The steel door was unlocked **as we expected.**

그 철문은 우리가 예상했던 대로 열려 있는 상태였어.

078

# He was caught cheating on his wife.

**그는 바람 피우다가 걸렸다.**

타동사 catch는 '~을 잡다'라는 의미입니다. be caught은 '잡히다' 또는 '걸리다'라는 의미를 갖게 되지요. be caught doing something은 '뭔가를 하다가 걸리다'로 이해합니다. cheat on somebody는 '배우자나 애인인 사람을 두고 다른 사람과 바람을 피우다'라는 의미입니다. somebody가 배우자나 애인이 됩니다.

**수 일치**

명사 앞 관사의 자리를 대신할 수 있는 것은 명사나 대명사의 소유격입니다. 단수 명사 앞에 쓰이는 부정관사를 대신해서 소유격 대명사가 올 수 있는 겁니다. 그에 따라 a wife가 his wife의 형태로 바뀌었습니다. wife의 복수형은 wives입니다.

## **He was** caught cheating on **his wife**.

그는 아내 몰래 바람 피우다가 걸렸어.

## **They were** caught cheating on **their wives**.

그들은 아내를 두고 바람을 피우다가 걸린 작자들이야.

## **They** always **promise** they'll leave **their wives** and **they** never **do**.

그들은 항상 아내와 헤어질 거라고 다짐하면서 절대 헤어지지 않아.

they의 소유격은 their입니다. 대명사의 소유격 형태는 정확히 기억해 두어야 합니다.

**태의 변환**

He was caught cheating on his wife.는 수동태 문장입니다. 그가 처했던 상태를 말하지요. 하지만 누가 그를 잡았는지를 강조하려면 능동태 문장을 이용하게 됩니다.

## They **caught** him cheating on his wife.

그들이 그가 바람 피우고 있는 걸 잡았어.

## I **caught** him picking his nose.

내가 그 애 코 후비는 걸 딱 잡았잖아.

## She **caught** him cheating on the exam.

그녀는 그가 시험에서 부정행위하는 걸 딱 잡았어.

pick one's nose는 '코를 후비다'라는 의미입니다. cheat on the exam은 '시험에서 컨닝하다', 즉 '시험을 보면서 부정행위를 하다'라는 의미이지요.

**시제 변화**

동사 catch의 3단 변화는 catch-caught-caught입니다. 현재분사형은 catching이지요.

## He **has been caught** cheating on his wife.

그가 바람 피우다가 걸렸잖아. (그래서 지금 저렇게 찌그러져 있는 거야.)

## He **will be caught** cheating on his wife.

그는 바람 피우다가 결국 걸릴 거야.

## He **would be caught** cheating on his wife.

(바람 피우다가 안 걸리는 놈 없어. 지가 뭐 별수 있어.) 그는 바람 피우다가 걸릴 거야. (두고 봐.)

He **must have been caught** cheating on his wife.

그는 바람 피우다 걸린 게 틀림없어. (그러니까 요즘 여기 얼씬도 못하잖아.)

단순 미래를 의미하는 will과, 과거를 전제로 미래에 일어날 일을 말하는 would의 정확한 해석은 시제 해석의 백미라고 할 수 있습니다. 어떤 문장이든 단독으로 이해하기는 쉽지 않습니다. 그 문장이 쓰이는 상황을 잘 이해해야 정확한 해석이 가능합니다.

---

**전치사구로 확장**

He was caught cheating on his wife **in the hotel**.

그는 그 호텔에서 바람을 피우다가 걸렸다.

He was caught cheating on his wife **during his lunch hour**.

그는 점심시간에 바람을 피우다가 걸렸다.

---

**접속사절로 확장**

He was caught cheating on his wife **while she was out of town**.

그는 아내가 출장 중일 때 바람을 피우다가 걸렸다.

He was caught cheating on his wife **when they were in their twenties**.

그는 그들이 20대일 때 바람을 피우다가 걸렸지.

# The company was named after him.

**그 회사는 그의 이름을 따서 회사명이 지어진 거야.**

타동사 name은 '~의 이름을 지어주다', '~을 명명하다' 등의 의미입니다. 전치사 after는 '~을 따서'라는 뜻이지요. 그래서 name A after B 형태를 쓰면 'B의 이름을 따서 A의 이름을 짓다'라는 의미를 전하게 됩니다. be named after는 '~의 이름을 따서 이름이 지어지다'가 되지요.

**수 일치**

명사 company의 복수형은 companies입니다. 갑자기 복수형을 써야 할 필요가 생기면 멈칫거리는 경우가 많습니다.

**The company was** named after him.

그 회사 이름은 그의 이름을 따서 지어진 거야.

**The companies were** named after **their founders.**

그 회사들은 자신들의 창업자 이름을 따서 이름 지어진 거야.

**The law firms were** named after **their partners.**

그 로펌들은 파트너들의 이름을 따서 이름 지어졌다.

**태의 변환**

The company was named after him.은 수동태 문장입니다. 그 회사의 상태를 뜻하지요. 하지만 누가 회사의 이름을 지었는지를 강조할 때는 능동태가 필요합니다.

They **named** the company after him.

그들은 그 회사의 이름을 그의 이름을 따서 지었다.

My father **named** me after John F. Kennedy.

우리 아버지가 내 이름을 존 F. 케네디의 이름을 따서 지었던 거야.

Why did you **name** your store after a gangster?

넌 왜 가게 이름을 깡패의 이름을 따서 지은 거야?

능동태에서는 주어의 행동이 강조되는 겁니다. 따라서 발음할 때는 주어와 주어의 동작에 강세가 확실하게 들어가야 합니다. 물론 그때그때 감정의 차이는 있지만 말이지요.

---

**시제 변화**

동사 name의 3단 변화는 규칙 변화를 일으킵니다. name-named-named이지요. 현재분사형과 동명사형은 naming입니다. name을 명사로만 기억해오다가 동사의 뜻까지 기억 속에 포함시키기에는 쉬운 일이 아닙니다. 반복 학습이 매우 필요합니다.

The company **will be named** after him.

그 회사 이름은 그의 이름을 따서 지어질 거야.

I **heard** the company **would be named** after him.

그 회사의 이름은 그의 이름을 따서 지어질 거라고 들었어.

I **told** you the company **would be named** after him.

그 회사의 이름은 그의 이름을 따서 지어질 거라고 내가 너한테 말해줬잖아.

The company **would be named** after him.

그 회사 이름은 그의 이름을 따서 지어지겠지. (상황이 그렇잖아.)

시제의 일치는 수도 없이 강조해도 지나치지 않습니다. 시제 일치가 어긋나면 문장의 의미는 상실됩니다. 그리고 시제 일치가 어긋난 상태에서 문장을 구사하면 말하는 사람에 대한 신뢰도가 몹시 떨어지게 됩니다.

---

**전치사구로 확장**

The company was named after him **according to his will.**

그 회사는 그의 유언에 따라 그의 이름을 따서 이름 지어졌다.

It was named Harvard College **after the deceased clergyman John Harvard.**

그 대학은 고인이 된 성직자 존 하버드의 이름을 따서 하버드대학이라고 명명되었다.

---

**접속사절로 확장**

The company was named after someone **who had influenced them a lot.**

그 회사는 그들에게 많은 영향을 준 누군가의 이름을 따서 명명되었다.

The company was named after him **after he passed away.**

그 회사는 그가 사망한 이후에 그의 이름을 따서 명명되었다.

# His plan was thwarted by her early return.

**그의 계획은 그녀가 일찍 돌아옴으로써 무산되었다.**

타동사 thwart는 '~을 좌절시키다'라는 의미를 갖습니다. 목적어로는 흔히 '계획', '의도', '야망' 등이 옵니다. thwart one's plan은 '계획을 무산시키다'가 되며, be thwarted는 '무산되다'로 이해하지요. return이 명사로 쓰이면 '돌아옴'을 뜻해서 early return은 '이른 복귀' 또는 '일찍 돌아옴'으로 해석합니다.

**수 일치**

His plan은 단수이므로 뒤에 이어지는 be동사의 과거 시제는 was입니다. plan이 아니라 plans라면 were로 바뀌지요. return이 '돌아옴'의 뜻으로 쓰일 때는 셀 수 있는 명사가 아닙니다. 그래서 a가 붙지 않습니다. 대신 '누구의 돌아옴'이라는 의미로 a 대신 my, your, his, her, their, its 등 대명사의 소유격이 오게 됩니다.

### **His plan was** thwarted by **her** early return.

그의 계획은 그녀가 일찍 돌아온 바람에 무산되었다.

### **His plans were** thwarted by **her** early return.

그의 계획들은 그녀가 일찍 돌아옴으로써 무산되었습니다.

### **All attempts** to remove roadblocks **were** thwarted.

방해물을 제거하기 위한 모든 시도는 다 좌절되었다.

attempt는 '어떤 힘든 일을 하고자 하는 시도'라는 의미입니다. remove는 '~을 제거하다'이며, roadblock은 '어떤 계획의 진행을 막는 방해물'이라는 의미로 쓰였습니다.

**태의 변환**

His plan was thwarted by her early return.은 수동태 문장입니다. '그의 계획'이 처한 상태를 말하지요. 하지만 그의 계획을 '무산시킨 일'을 주도적으로 말하고 싶으면 능동태를 활용합니다.

Her early return **thwarted** his plan.

그녀가 일찍 돌아와서 그의 계획을 무산시켰다.

Her early return helped them **thwart** terrorism.

그녀의 이른 복귀가 그들이 테러를 무산시키는 데 도움을 주었다.

Her early return **thwarted** his efforts to erase the stains.

그녀가 일찍 돌아와서 얼룩을 지우려는 그의 노력은 무산되었다.

영어의 수동태 문장을 그대로 살려서 우리말로 번역하다 보면 어색한 문장들이 나오기 마련입니다. 그럴 때는 필요하다면 적절한 우리말 의역이 필요하지요.

**시제 변화**

문장의 의미상 모든 시제로 변화가 가능한 문장입니다. 특히 현재와 현재완료, 그리고 조동사 would가 쓰인 문장들의 해석에 유의해야 합니다.

His plan **is thwarted** by her early return.

그의 계획은 지금 그녀가 일찍 돌아오는 바람에 무산된 상태다.

His plan **has been thwarted** by her early return.

그의 계획은 그녀가 일찍 돌아오는 바람에 이미 무산됐어. (그래서 그가 저리 실망한 표정인 거야.)

His plan **will be thwarted** by her early return.
그의 계획은 그녀가 일찍 돌아와 분명히 무산될 거야.

His plan **would be thwarted** by her early return.
그녀가 일찍 돌아온 상황이니 그의 계획은 무산되겠지.

시제의 의미 변화에 민감하지 않으면 대화 중에 잦은 오해가 발생합니다. 특히 현재완료와 would가 쓰인 문장이 혼란을 유발할 수 있습니다.

---

**전치사구로 표현**

계획이 무산된 이유를 by 이하에 다르게 표현할 수 있습니다.

His plan was thwarted **by their opposition.**
그의 계획은 그들의 강한 반대로 무산되었어.

His plan was thwarted **by her total indifference.**
그의 계획은 그녀의 철저한 무관심으로 인해서 무산됐지.

---

**접속사절로 표현**

His plan was thwarted **because they didn't accept it.**
그의 계획은 그들이 받아들이지 않았기 때문에 무산되었다.

His plan was thwarted **as soon as he lost the election.**
그의 계획은 그가 그 선거에서 떨어지자마자 무산되었다.

081

# Why was his office ransacked?

**왜 그의 사무실이 난잡하게 수색당한 겁니까?**

타동사 ransack은 '~을 뒤엎으며 샅샅이 뒤지다'라는 의미입니다. 얌전히 뒤지는 게 아니고 어지럽히면서 뒤지는 겁니다. be ransacked는 '완전히 엉망인 상태로 수색당하다'가 되지요. 단어를 구성하는 접두어 ran-은 house, 즉 '집'을 뜻하며, 어근인 -sack은 search, 즉 '찾다'라는 의미입니다. 그래서 보통 '집을 샅샅이 뒤지다', '방이나 사무실을 샅샅이 뒤지다' 등의 느낌을 전하게 됩니다.

**수 일치**

아무리 간단한 문장이라도 생소한 내용, 또는 익숙하지 않은 어휘가 포함되면 의문문이 낯설게 느껴집니다. 그러면 수의 일치에도 혼란이 생길 수 있지요. 어떤 문장이든 집중을 통해서 다뤄져야 합니다.

## Why **was his office** ransacked?

왜 그의 사무실이 엉망으로 뒤집어져 있었던 거야?

## Why **were the offices** ransacked?

왜 사무실들이 죄다 난잡하게 수색당한 거야?

## Why **was the office** forced to close?

왜 그 사무실은 문을 닫으라고 강요당했던 걸까?

동사 force는 '~을 강요하다'라는 의미이며 be forced to는 '~을 하도록 강요당하다'라는 뜻입니다. 따라서 be forced to close는 '문을 닫으라는 강요를 받다'라고 이해합니다.

**태의 변환**

Why was his office ransacked?는 수동태 문장입니다. 그의 사무실이 놓인 상태를 강조하고 있습니다. 만일 그의 사무실을 뒤진 사람을 강조하고 싶다면 능동태 문장을 이용합니다.

## Why did they **ransack** his office?

왜 그들이 그의 사무실을 엉망으로 뒤져 놓았을까?

## I know why he **ransacked** her study.

나는 왜 그가 그녀의 서재를 미친 듯이 뒤졌는지 알아.

## How dare you **ransack** my private photographs?

어떻게 감히 네가 내 개인 사진을 뒤질 수가 있는 거야?

물론 ransack이 집이나 사무실, 또는 방에만 국한되는 건 아닙니다. 이렇게 어떤 물건들을 헤집어 놓으면서 뭔가를 찾는다고 말할 때도 사용됩니다. How dare 다음에는 평서문 어순이 온다는 사실도 기억해야 합니다.

**시제 변화**

ransack의 3단 변화는 ransack-ransacked-ransacked로 규칙 변화입니다. 과거분사형인 ransacked는 '이미 난잡하게 수색당한 상태인'이란 뜻을 갖습니다.

## Why **has** his office **been ransacked**?

왜 그의 사무실이 그렇게 수색을 당해서 지금 이런 사태가 벌어지고 있는 거야?

## Why **is** his office **being ransacked**?

그의 사무실이 왜 지금 수색당하고 있는 거야?

## Why do you think his office **will be ransacked**?

너는 왜 그의 사무실이 수색당할 거라고 생각해?

문장의 시제는 의미를 통제합니다. 모든 문장들이 모든 시제에 열려 있는 건 아닙니다. 단순한 시제의 교체는 무의미합니다. 적절한 의미가 완성되는 경우에만 시제를 변화시킬 수 있습니다.

---

**전치사구로 확장**

Why was his office ransacked **out of the blue**?

난데없이 왜 그의 사무실이 수색당한 거야?

Why was his office ransacked **by the prosecution**?

왜 그의 사무실은 검찰에 의해서 수색당한 걸까?

---

**접속사절로 확장**

Why was his office ransacked **while he was on a business trip**?

왜 그의 사무실은 그가 출장 가 있는 동안에 수색당한 걸까?

Why was his office ransacked **right after he was proved not guilty**?

왜 그의 사무실은 그가 무죄로 판명된 직후에 수색당했을까?

082

# A funeral was held in lieu of graduation.

**장례식이 졸업식 대신에 행해졌다.**

타동사 hold는 '~을 쥐다', '~을 가지고 있다' 등의 의미를 포함합니다. 여기에서 파생되어 '~을 개최하다', '~을 열다' 등의 뜻까지 전하게 되지요. 3단 변화는 hold-held-held입니다. be held는 '개최되다', '열리다' 등으로 해석합니다. 명사 lieu는 [루:]로 발음되며 프랑스어에서 온 어휘입니다. '장소'라는 뜻이지요. in lieu of가 되어 숙어를 이루면 '~의 안에서', 즉 '~ 대신에'의 뜻을 전하게 됩니다. instead of와 같지요. 따라서 in lieu of graduation은 '졸업식 대신에'가 됩니다. funeral은 '장례식'입니다.

**수 일치**

명사 funeral은 셀 수 있는 명사입니다. 따라서 문장에서는 그 수의 명시가 정확해야 합니다. 하나의 장례식을 말할 때는 반드시 a가 붙습니다. 문장의 시작을 a 없이 funeral로 바로 할 수는 없다는 겁니다. 복수형은 funerals입니다.

**A funeral was** held in lieu of graduation.

장례식이 졸업식 대신에 행해졌습니다.

**20 to 30 funerals were** held a month.

한 달에 20에서 30건의 장례식이 치러졌다.

Nobody knew where **the funeral was** going to be held.

그 장례식이 어디에서 치러질지 아무도 몰랐다.

셀 수 있는 명사와 셀 수 없는 명사를 구별하는 것은 여간 어려운 일이 아닙니다. 많은 문장들을 접하고 기억함으로써 그 어려움을 극복해야 합니다.

---

**태의 변환**

A funeral was held in lieu of graduation.은 수동태 문장입니다. 장례식의 상태를 말하고 있지요. 하지만 장례식을 여는 사람을 중심으로 말할 때는 능동태가 필요합니다.

## The family **held** a funeral in lieu of graduation.

가족은 장례식을 졸업식 대신에 행했습니다.

## When did they **hold** a funeral?

그들은 언제 장례식을 치른 거야?

## Go find out where they'll **hold** a funeral.

그들이 어디에서 장례식을 치를지 당장 가서 알아봐.

동사의 3단 변화를 정확히 기억하고 있어야 합니다. 특히 hold처럼 불규칙 변화일 때 주의해야 하지요.

---

**시제 변화**

시제의 해석을 무심코 하다 보면 현재를 과거로, 과거를 현재로 해석하는 오류를 심심찮게 범하게 됩니다. 다른 복잡한 시제도 그렇지만 이런 기본 시제의 해석에서 오류를 범하면 절대 안 됩니다.

## A funeral **is being held** in lieu of graduation.

지금 장례식이 졸업식 대신에 열리고 있는 겁니다.

## A funeral **has been held** in lieu of graduation.

장례식이 졸업식 대신에 치러졌어. (그래서 지금 다들 숙연한 모습인 거야.)

A funeral **will be held** in lieu of graduation.

장례식이 졸업식 대신에 행해질 겁니다.

A funeral **would be held** in lieu of graduation.

(과거의 상황을 비추어 볼 때) 장례식이 졸업식 대신에 열리게 될 겁니다.

아무리 규칙적인 시제 변화를 연습을 한다 해도 집중하지 않으면 기억에 남지 않습니다. 반복 연습을 하다 보면 어느 순간 자연스러운 이해와 해석이 가능해질 것입니다.

---

**전치사구로 확장**

A funeral was held in lieu of graduation **in an auditorium**.

장례식이 졸업식 대신에 강당에서 열렸습니다.

A funeral was held in lieu of graduation **in front of many students**.

장례식이 졸업식 대신에 많은 학생들 앞에서 행해졌습니다.

---

**접속사절로 확장**

A funeral was held in lieu of graduation **while it was raining**.

비가 오는 가운데 장례식이 졸업식 대신에 행해졌습니다.

A funeral was held in lieu of graduation **two days after he died**.

그가 죽은 지 이틀 후에 장례식이 졸업식 대신에 행해졌다.

083

# It wasn't done out of malice.

**그게 악의로 행해진 일은 아니었어요.**

타동사 do는 '~을 행하다'라는 의미입니다. be done은 '행해지다'의 뜻이지요. malice는 '악의', '적의' 등을 뜻합니다. 따라서 out of malice는 '악의로부터', '악의로' 등으로 이해하게 됩니다. 명사 malice의 형용사형은 malicious이며 '악의적인'이라는 뜻입니다. 동의어로 malevolent를 흔히 사용하지요.

---

**수 일치**

명사 malice는 셀 수 없는 추상명사입니다. 따라서 a malice나 malices라는 형태는 존재하지 않습니다.

## **It wasn't** done out of **malice.**

그 행위는 악의적으로 이루어진 건 아니었어.

## **There is** no **malice** behind them.

거기에 숨겨진 악의는 전혀 없습니다.

## I bear no **malice** toward anybody.

나는 누구에게도 악의를 품지 않아.

malice behind them은 '그것들 뒤에 숨겨진 악의'입니다. bear는 '~을 품다'라는 의미라서, bear malice는 '악의를 품다', bear no malice는 '악의를 품지 않다'라는 뜻이 됩니다. bear no malice toward는 '~을 향해서 악의를 품다'로 이해합니다.

**태의 변환**

It wasn't done out of malice.는 수동태 문장입니다. 그것의 상태를 중심으로 말하는 문장이지요. 만일 그것을 행한 사람이 중심이면 능동태 문장을 사용합니다.

## I didn't **do** it out of malice.

그건 정말 내가 악의로 한 행위는 아니었어.

## Nobody could **do** it out of malice.

(이런 상황에서는) 그 누구도 악의적으로 그런 행동을 할 수는 없지.

## I can't believe that she **did** it out of malice.

그녀가 악의적으로 그런 행동을 했다는 걸 나는 정말 믿을 수가 없어.

조동사 could는 '과거의 일, 또는 지금의 상황을 전제해 볼 때 앞으로 어떤 일이 일어날 가능성'을 이야기합니다. I can't believe ~ 구문은 도저히 믿어지지 않는 일을 말할 때 사용합니다. 따라서 I can't believe it.이라고 말하면 "그건 정말 믿을 수 없는 일이야."로 이해합니다.

**시제 변화**

동사 do의 3단 변화는 do-did-done입니다. 현재분사형은 doing이지요. 불규칙 변화이기 때문에 철자도 정확히 기억해야 합니다.

## It **hasn't been done** out of malice.

그게 악의로 행해진 게 아니니까 지금 이렇게 무사히 넘어가고 있는 거잖아.

## It **won't be done** out of malice.

그건 절대 악의로 행해질 일이 아니야.

## It **wouldn't be done** out of malice.

(지금까지의 상황으로 봤을 때) 그게 악의로 행해지지는 않을 거야.

## It **shouldn't be done** out of malice.

그건 악의로 행해지면 안 될 일이지.

시제의 변화는 매우 예민한 문제입니다. 정말 그 시제가 적용될 수 있는가의 문제이기 때문이지요. 그 결정을 위해서는 시제에 대한 정확한 이해가 필수적입니다.

---

**전치사구로 확장**

## It wasn't done out of malice **in the least**.

그건 절대로 악의적으로 행해진 게 아니었어

## It wasn't done out of malice, **upon my word**.

그건 맹세코 악의적으로 행해진 일이 아닙니다.

---

**접속사절로 확장**

## It wasn't done out of malice **as you know**.

아시다시피 그건 악의적으로 행해진 일이 아니었어요.

## It wasn't done out of malice, **but out of good will**.

그건 악의로 행해진 게 아니라 선의로 행해진 일이었습니다.

out of good will 자체는 물론 '절'이 아닙니다. 하지만 이 문장에서는 but it was done out of good will에서 it was done이 생략된 것이기 때문에 '생략된 절'로 간주한 것입니다.

시제(tense)

수, 태, 시제. 이 세 가지 요소 중 문장 이해에 가장 결정적인 요소는 동사의 시제입니다. 이 책을 통해 각각의 시제의 형식과 그 속에 내포된 의미를 정확히 이해하고 개념을 잡아갑니다. 과거, 현재, 미래를 기준으로, 완료 시제, 진행형, 조동사 등 다양한 활용법을 이해하고 내것으로 만듭니다. 영어 활용 능력의 향상은 무작정 암기가 아니라, 이해와 반복 학습, 그리고 꾸준함을 통해서만 이루어질 수 있습니다.

84 Schools have been closed.
85 I have been accepted by Harvard.
86 It has been designed by a famous designer.
87 She has been influenced by her sister.
88 Nothing has been stolen.
89 The sheets haven't been changed in weeks.
90 More than 10,000 infections have been detected.
91 He has been struck and killed by a truck.
92 Serious questions have been raised about that.
93 I wonder what promises have been made.

084

# Schools have been closed.

**학교들은 이미 문을 닫은 상태다.**

타동사 close는 '~을 닫다', '~을 폐쇄하다' 등의 의미로 쓰입니다. be closed는 '문이 닫히다', '폐쇄되다' 등의 뜻이지요. 현재완료 문장이므로 이런 대화일 때 어울리겠습니다. 〈A: 너 지금 왜 학교를 안 간 거야? B: 학교가 문을 닫았어요.〉 과거에 일어난 일이 지금의 상태에 영향을 줄 때 현재완료를 쓰는 것입니다.

**수 일치**

명사 school은 셀 수 있는 명사이므로 복수일 때 schools를 씁니다. '학교들', '많은 학교들' 등의 의미로 이해하지요. 단수일 때는 a school로 표시합니다.

## **Schools have** been closed.

학교들이 다 문을 닫은 상태라서 그래요.

## If **schools do** not **reopen**, parents cannot go back to work.

만일 학교가 다시 문을 열지 않으면 부모들이 직장으로 돌아갈 수가 없다.

## Don't move around **the school** without **a mask**.

마스크를 쓰지 않은 상태로 학교에서 돌아다니지 말아라.

동사 reopen은 '재개되다'라는 의미이며, go back to work는 '직장에 복귀하다'라는 뜻입니다. move around는 '~에서 돌아다니다'로, without a mask는 '마스크를 쓰지 않은 상태로'라는 뜻입니다.

**태의 변환**

Schools have been closed.는 수동태 문장입니다. 학교의 상태를 말하고 있죠. 학교를 폐쇄한 주체를 강조하고 싶으면 능동태 문장이 필요합니다.

## The government **has closed** schools.

정부에서 학교들을 폐쇄시켰다.

## We couldn't help but **close** schools.

우리는 학교들을 폐쇄시킬 수밖에 없었습니다.

## I understand why they had to **close** schools.

그들이 왜 학교를 폐쇄해야 했는지 난 충분히 이해해.

우리가 평소에 사용하지 않는 어휘들이지만 영어 문장을 해석할 때는 사용하게 되는 것들이 있습니다. 우리말의 구어체 어휘와 문어체 어휘의 차이 때문입니다. 모든 언어에는 구어와 문어의 차이가 있으므로 우리말의 구어와 문어의 차이에도 신경을 많이 써야 합니다.

---

**시제 변화**

동사 close의 3단 변화는 close-closed-closed입니다. 현재분사형은 closing이지요. 철자의 변화에 신경 써야 합니다.

## Schools **were closed.**

그땐 학교가 폐쇄된 상태였어.

## Schools **are closed.**

학교들은 지금 폐쇄된 상태야.

## Schools **will be closed.**

학교들이 다 문을 닫게 될 거야.

## Schools **would be closed.**

(지금까지의 상태를 보니) 학교들이 다 폐쇄되겠네.

어떤 문장이든 하나의 독립된 문장으로만 봐서는 안 됩니다. 그 문장의 앞뒤에 어떤 문장이 연결되는가를 생각해야지요. 그런 생각이 가능하려면 시제에 대한 정확한 이해가 필요합니다.

---

**전치사구로 확장**

## Schools have been closed **for Covid-19.**

코로나19로 인해서 학교들이 이미 다 문을 닫은 상태라 그렇습니다.

## Schools have been closed **by order of the government.**

정부의 명령에 따라 학교들이 이미 다 문을 닫은 상태입니다.

---

**접속사절로 확장**

## Schools have been closed **since the virus began to spread.**

그 바이러스가 퍼지기 시작하면서부터 학교들이 다 문을 닫은 상태입니다.

## Schools have been closed, **but we still don't understand the reasons.**

학교들이 이미 문을 닫은 상태지만 우리는 아직도 그 이유를 이해하지 못합니다.

# I have been accepted by Harvard.

**나는 하버드대학에서 이미 입학 허가를 받았어.**

타동사 accept는 '~을 받아들이다', '~을 인정하다' 등의 의미입니다. be accepted는 '받아들여지다', '인정받다' 등의 뜻이지요. 입학 신청서를 낸 대학으로부터 입학 허가를 받았을 때 be accepted를 흔히 사용합니다. have been accepted by ~는 '~에서 입학 허가를 이미 받은 상태라서 지금 마음이 편한 상태이다' 정도로 이해합니다.

**수 일치**

수, 그리고 수의 일치는 매우 단순한 것처럼 보입니다. 알고 보면 실제로 매우 단순합니다. 하지만 영어 문장을 소리나 글로 구사함에 있어서 가장 빈번한 실수를 범하게 되는 부분이 이 수의 영역입니다. 우리가 억지로 영어 문장을 만들려고 하면 수도 없이 저지르게 되는 실수의 함정, 그 함정에서 벗어나는 유일한 방법은 정확한 문법 형식하에 완성되어 있는 문장들의 의미를 온전히 이해한 후에 소리 내어 읽고 또 읽어서 완전히 내 것으로 만드는 것뿐입니다.

## **I have** been accepted by **Harvard.**

나는 하버드대학에서 이미 입학 허가를 받았어. (그래서 지금 여유가 좀 있지.)

## **He has** been accepted by **a few universities.**

그는 이미 몇몇 대학들로부터 입학 허가를 받았거든.

## **Some** of my friends **have** been accepted by **the university.**

내 친구들 중 몇 명은 그 대학에서 입학 허가를 이미 받았어.

a few는 셀 수 있는 명사 앞에 쓰이며 '서너 개 정도'라는 의미를 갖습니다. 따라서 복수로 취급합니다. some of my friends에서 some 역시 복수로 쓰이고 있습니다.

---

**태의 변환**

I have been accepted by Harvard.는 수동태 문장입니다. 내가 놓인 상태를 말하고 있지요. 만일 나를 선택한 주체를 중심으로 말하려면 능동태 문장을 이용합니다.

## Harvard **has accepted** me.

하버드대학이 내 입학을 허가해 줬어.

## Nobody **has accepted** me.

아무도 나를 인정해 주지 않았어.

## Which university do you think can **accept** him?

네 생각엔 어떤 대학이 그를 받아줄 수 있겠니?

문장을 발음할 때는 강세가 매우 중요합니다. 강세에 따라서 의미가 변하기 때문입니다. 능동태에서는 주어가 매우 중요한 역할을 하기 때문에 가급적 주어에 강세를 주게 됩니다.

---

**시제 변화**

accept는 3단 변화가 accept-accepted-accepted입니다. 과거분사는 수동태와 완료 시제에 사용됩니다. 어디에 쓰이든 '이미 어떤 상태가 되다'라는 뜻은 변하지 않습니다.

## I **was accepted** by Harvard at that time.

그 당시에 나는 하버드대학에서 입학 허가를 받은 상태였어.

I hope I **will be accepted** by Harvard.

난 하버드대학에서 입학 허가 받기를 희망하고 있어.

I **will have been accepted** by Harvard by that time.

그때쯤 나는 이미 하버드대학에서 입학 허가를 받은 상태일 거야.

I **thought** you **were accepted** by Harvard.

난 네가 하버드대학에서 입학 허가를 받은 줄 알았는데.

---

**전치사구로 확장**

I have been accepted by Harvard, **to my surprise**.

난 이미 하버드대학에서 입학을 허가 받은 상태야, 정말 놀랄 일이지.

I have been accepted by Harvard **beyond expectations**.

난 이미 하버드대학에서 입학 허가를 받은 상태야, 다들 예상했던 것과는 달리 말이야.

---

**접속사절로 확장**

I have been accepted by Harvard, **but I don't want to study abroad**.

난 하버드대학에서 입학 허가를 받았지만 유학하고 싶지는 않아.

I have been accepted by Harvard **and I'm feeling so happy**.

난 이미 하버드대학에서 입학 허가를 받고 기쁨을 만끽하고 있는 중이야.

# It has been designed by a famous designer.

**그건 유명한 디자이너에 의해서 디자인된 거야. (뭐가 달라도 다르지.)**

design은 '~을 디자인하다'라는 뜻이며, designed는 '이미 디자인된', 그리고 be designed는 '디자인되다'라는 의미입니다. 이미 디자인된 건물이나 물건 등이 주어로 오는 경우에 사용되지요. designed는 과거의 의미를 담고 있는 형용사입니다.

**수 일치**

3인칭 단수에 해당되는 주어 It 뒤에 쓰이는 동사 have의 형태는 has입니다. 일반 동사로 쓰이는 경우든 현재완료의 일부로 쓰이는 경우든 그 형태에는 변함이 없습니다.

## **It has** been designed by a famous designer.

그건 유명한 디자이너에 의해서 디자인된 거야.

## **They have** been designed by famous designers.

그것들은 유명한 디자이너들에 의해서 디자인된 것들이잖아.

## **The golf course has** been designed by Jack Nicklaus.

그 골프장은 잭 니클라우스가 디자인한 거야. (굉장하지.)

잭 니클라우스는 1940년에 미국에서 태어난 전설적인 골퍼입니다. 2020년 현재 세계에서 가장 큰 골프장 디자인 회사를 운영하고 있습니다.

**태의 변환**

It has been designed by a famous designer.는 수동태 문장입니다. 수동태는 외부의 여건을 통해서 주어가 처한 상태를 말합니다. 그 주어를 어떤 상태에 처하게 만든 장본인은 전치사 by와 함께 문장의 끝에 위치하거나 완전히 생략됩니다. 그러나 생략된, 또는 by 뒤에 위치한 행위자를 중시하여 강조하고 싶으면 주어로 등장시켜 능동태 문장을 만듭니다.

A famous designer **has designed** it.

그건 유명한 디자이너가 디자인한 거야.

Famous designers **have designed** the buildings.

유명한 디자이너들이 그 건물들을 디자인한 거야.

Who **has designed** it?

그건 누가 디자인한 거야?

대화를 하거나 글을 쓸 때 몇 개의 연속된 문장에서 일관된 주어로의 흐름이 중요할 때가 있습니다. 이때는 태의 일관성을 지켜주는 것이 좋습니다.

**시제 변화**

has been designed의 시제는 현재완료입니다. 과거의 상태가 지금까지 이어지고 있는 것이지요. be동사의 과거분사 been에 주의합니다.

It **was designed** by a famous designer.

그건 그때 유명한 디자이너에 의해서 디자인된 거였어.

It **will be designed** by a famous designer.

그건 유명한 디자이너에 의해서 디자인될 거야.

It **is being designed** by a famous designer.

그거 지금 유명한 디자이너가 디자인하고 있어.

The museum **was being designed** by a famous designer.

그 박물관은 유명한 디자이너가 디자인하고 있었어.

'be being designed'는 진행형 수동태입니다.

---

**전치사구로 확장**

It has been designed by a famous designer **at her request**.

그건 그녀의 요청에 따라 유명한 디자이너에 의해서 디자인되었다.

It has been designed by a famous designer **in need**.

그것은 당시 궁핍한 생활을 하던 한 유명 디자이너에 의해서 디자인된 거야.

---

**접속사절로 확장**

It has been designed by a famous designer **who was in bad shape physically.**

그것은 당시 건강 상태가 나빴던 유명 디자이너에 의해서 디자인된 거야.

It has been designed by a famous designer **while she was staying in Spain**.

그것은 유명한 디자이너가 스페인에 머무는 동안에 디자인한 거야.

087

# She has been influenced by her sister.

**그녀는 그동안 언니의 영향을 받아왔어.**

타동사 influence는 '~에게 영향을 주다'라는 뜻입니다. 개인적인 영향뿐 아니라 역사적인 영향까지 포함하는 매우 폭넓은 의미의 어휘입니다. be influenced는 '영향을 받다'이지요. 흔히 '영향'이라는 의미의 명사로만 기억하게 되는데 동사로의 활용이 훨씬 더 활발합니다.

**수 일치**

조동사 have의 3인칭 단수형은 has입니다. 특히 주어가 대명사가 아닌 일반 명사일 경우에 주어의 단/복수에 따른 변화에 주의해야 할 어휘입니다. 명사인 sister는 셀 수 있는 명사입니다.

## **She has** been influenced by her sister.

그녀는 지금까지 줄곧 언니의 영향을 받아왔어. (그래서 지금의 그녀가 있는 거야.)

## **Many writers have** been influenced by Earnest Hemingway.

많은 작가들이 어니스트 헤밍웨이의 영향을 받아왔다. (그래서 그들의 작품 속에서 그의 체취가 느껴진다.)

## **The artist has** been influenced by a trip to Spain.

그 화가는 스페인 여행에서 영향을 받았다. (그의 그림을 보면 알 수 있다.)

단어나 문법의 설명, 또는 문장을 외워서 기억하는 것보다는 문장의 발음에 익숙해지면서 문장이 저절로 기억되도록 연습하는 것이 문법의 오류를 줄이는 최선의 방법입니다.

**태의 변환**

She has been influenced by her sister.는 수동태 문장입니다. 그녀가 얼마 동안의 시간이 흐르면서 지금 놓여 있게 된 상태를 말하고 있습니다. 그녀가 지금 이런 상태에 놓여 있게 만든 원인을 강조해서 말하고 싶을 때는 능동태를 이용합니다.

## Her sister **has influenced** her.

그녀의 언니[여동생]가 그동안 그녀에게 영향을 줬던 거야.

## Philosophy **has influenced** people in various ways.

철학이 그동안 사람들에게 다양한 면으로 영향을 끼쳐왔지.

## Who **has influenced** you the most?

그동안 누가 가장 큰 영향을 끼쳤습니까? (그래서 오늘날의 당신이 있는 겁니까?)

현재완료 구문의 태가 변형되면 현재완료는 그대로 유지됩니다. 물론 태의 변형은 의미의 변화를 가져오지만 그 안에서 시제의 변화는 일어나지 않습니다.

---

**시제 변화**

현재완료 구문의 의미상 중요성은 아무리 강조해도 지나치지 않습니다. 문장 단독의 의미보다 과거와 현재 기준의 앞뒤 문장의 의미와 깊이 연관지어야 합니다. 그 밖의 시제들은 이렇습니다.

## She **was influenced** by her sister.

그녀는 과거에 언니의 영향을 받았어.

## She **is being influenced** by her sister.

그녀는 지금 언니의 영향을 받고 있어.

## She **will be influenced** by her sister.

그녀는 언니의 영향을 받게 될 거야.

She **would be influenced** by her sister.

(정황으로 보면) 그녀는 언니의 영향을 받게 될 거야.

진행형 수동태인 'be being p.p.'의 의미와 형태를 잘 기억해야 합니다.

---

**전치사구로 표현**

She has been influenced **by her friends, not by her family.**

그녀는 그동안 친구들에게 영향을 받아왔어, 가족이 아니라.

She has been influenced **by the lyrics of his songs.**

그녀는 그가 부른 노래들의 가사에 지금까지 영향을 받았다.

---

**접속사절로 확장**

**As** she has been influenced by her sister, **she is determined to be a doctor.**

그녀의 언니에게서 영향을 받아왔기 때문에, 그녀는 의사가 되기로 마음을 단단히 먹었다.

She has been influenced by him, **which affects her decisions.**

그녀는 그의 영향을 받아왔다. 그 사실이 그녀의 평소 결정에 영향을 미치고 있다.

088

# Nothing has been stolen.

**아무것도 없어진 건 없습니다.**

타동사 steal은 '~을 훔치다', '~을 도둑질하다' 등을 뜻합니다. be stolen은 '누군가가 훔쳐 가서 물건이 없어지다'라는 뜻이지요. 현재완료는 과거에 일어난 일이 지금 현재 내 활동이나 내가 처한 상황에 영향을 준다는 의미입니다. 따라서 이 표현은 "아무것도 없어진 게 없어서 다행입니다", "아무것도 없어진 게 없어서 지금 별 탈 없이 생활하고 있습니다." 등으로 확장 해석할 수 있습니다.

**수 일치**

대명사 nothing은 단수로 취급합니다. 따라서 뒤에는 have가 아닌 has가 오지요. nothing이 주어로 등장하는 문장들은 반드시 기억해 두는 것이 안전합니다.

**Nothing has** been stolen.

아무것도 도난당한 건 없어요. (다행이지요.)

There **is nothing** good around here.

이 주변에는 변변한 게[맛있는 식당이] 없어.

**Nothing changes.**

변하는 건 하나도 없어. (늘 이 상태 그대로야.)

알고 있다고 생각해도 실제 상황에 돌입하면 뜻밖의 오류가 생기기 마련입니다. 새로운 문장들에 노출되었을 때 그 문장들의 활용 가능성이 높다고 느껴지면 기억해 두는 것이 좋습니다.

**태의 변환**

Nothing has been stolen.은 수동태 문장입니다. 물건의 상태를 중심으로 하는 말입니다. 훔쳐 간 사람을 중심으로 말한다면 능동태 문장을 이용합니다.

He **has stolen** nothing.

그는 아무것도 훔치지 않았어.

The thief **stole** money from a rich person and gave it to the homeless.

그 도둑은 부자에게서 돈을 훔쳐서 그 돈을 노숙자들에게 줬다.

They **stole** our ideas.

그들이 우리의 아이디어를 다 훔쳐 갔다.

불규칙 변화를 일으키는 동사들을 적절하게 활용할 수 있어야 합니다. 능동태는 주어의 적극적인 행위나 의지의 표현임을 잊어서는 안 됩니다.

**시제 변화**

동사 steal의 3단 변화는 steal-stole-stolen입니다. 현재분사형은 stealing이지요. 철자를 정확히 기억하고 있어야 합니다.

Nothing **was stolen**.

그때 아무것도 도난당한 것이 없었다.

Nothing **will be stolen**.

아무것도 도난당하지 않을 거야.

Nothing **is going to be stolen**.

절대 아무것도 도난당하지 않을 거야. (걱정하지 마.)

## Nothing **would be stolen.**

(상황이 이런데 누가 훔쳐 가겠어.) 아무것도 도난당하지 않을 거야. (모든 게 다 제자리에 있을 거야.)

will과 be going to는 '확실성'에서 차이가 납니다. be going to의 확실성이 더 높습니다.

---

**전치사구로 확장**

## Nothing has been stolen **in the accident.**

그 사고로 도난당한 물건은 하나도 없었다.

## **To my surprise,** nothing has been stolen.

놀랍게도, 아무것도 도난당한 물건이 없었다.

---

**접속사절로 확장**

## **There's nothing to worry about, because** nothing has been stolen.

걱정할 거 하나도 없어요. 도난당한 물건은 하나도 없으니까요.

## Nothing has been stolen**, and the case is closed.**

도난당한 물건이 하나도 없어서 그 사건은 지금 종결된 상태입니다.

089

# The sheets haven't been changed in weeks.

**그 침대 시트는 몇 주 동안 갈지도 않은 상태였다.**

타동사 change는 '~을 바꾸다', '~을 변화시키다' 등을 의미합니다. change가 자동사로 쓰일 때는 '변하다'라는 뜻입니다. 그건 세월이 가면서 자연적으로 변한다는 의미입니다. be changed는 '외부 요인에 의해서 바뀌다'란 뜻입니다. 부정문에서 '~ 동안'이라는 의미를 전할 때는 전치사 for가 아닌 in을 이용합니다. not ~ in weeks는 '몇 주 동안 ~이 아닌'이라는 뜻입니다.

**수 일치**

sheet는 '침대 시트'를 의미하고 셀 수 있는 명사입니다. 그래서 복수형은 sheets이지요. 뒤에는 has가 아닌 have가 옵니다. 이렇게 일반 명사가 등장할 때 특히 수의 일치에 주의해야 합니다. weeks는 a week의 복수형입니다.

## **The sheets haven't** been changed in **weeks.**

그 시트는 몇 주 동안 갈지도 않은 상태였으니까 말이야.

## **The sheets have** already been changed.

그 시트는 이미 다 갈아 놓았습니다. (그래서 지금 깨끗한 상태입니다.)

## **The sheets need** to be changed in **a week.**

그 시트는 1주일 후에는 교체해야 됩니다.

주어가 복수형일 때 동사는 need, 단수일 때는 needs를 씁니다. 현재를 시점으로 미래를 말할 때 '~ 후'라는 의미로 전치사 in을 사용합니다. 따라서 in a week는 '1주일 후에'입니다.

**태의 변환**

The sheets haven't been changed in weeks.는 수동태 문장입니다. 시트의 입장을 말하는 것이죠. 누군가 시트를 간다고 말할 때는 능동태 문장이 필요합니다.

## The maid **hasn't changed** the sheets in weeks.

가정부가 몇 주 동안 침대 시트를 갈지 않아서 지금 이 상태인 거야.

## Nobody **hasn't changed** the sheets in weeks.

지금까지 몇 주 동안 아무도 침대 시트를 갈지 않았던 거야.

## I'll have her **change** the sheets.

내가 그녀에게 시켜서 시트를 갈게 할게.

nobody는 단수로 취급합니다. 사역동사 have는 order와 같은 의미이며 '~에게 …하라고 시키다'로 흔히 해석합니다.

---

**시제 변화**

현재완료와 기간을 의미하는 전치사 in이 함께 쓰인 문장이라서 그 기본 의미를 유지한 상태에서의 시제 변환은 불가능합니다. 특히 부정문이라서 더더욱 그렇습니다. 전치사 in의 의미 변화를 통해서, 또는 전치사구의 생략을 통해서 시제를 교체해야 합니다.

## The sheets **are being changed.**

지금 시트를 갈고 있는 중입니다.

## The sheets **will be changed** in a week.

시트는 1주 후에 교체될 겁니다.

## The sheets **would be changed** in a week.

시트는 (지금까지의 전례나 상황으로 보면) 1주 후에는 교체될 겁니다.

The sheets **will have been changed** in a week.

그 시트는 1주 후에는 교체되어 있을 겁니다.

The sheets **should have been changed**.

시트를 이미 갈아 놓았어야지.

시제의 변화를 통한 의미 변화, 조동사의 역할에 의한 의미 변화는 매우 세밀하게 확인해야 합니다.

---

**전치사구로 확장**

The sheets haven't been changed in weeks **by mistake**.

시트를 실수로 몇 주 동안 갈지 못했습니다.

The sheets haven't been changed in weeks **by her neglect of duty**.

시트는 그녀의 근무태만으로 몇 주 동안 교체되지 않은 상태였습니다.

---

**접속사절로 표현**

The sheets haven't been changed **so he's throwing a tantrum**.

시트가 교체되어 있지 않아서 지금 그가 성질을 부리고 있잖아.

The sheets haven't been changed **because they were on strike**.

그들이 파업 중이었기 때문에 시트가 아직까지도 교체되어 있지 않은 거야.

# More than 10,000 infections have been detected.

**그동안 1만 건 이상의 감염 사례가 발견되었습니다.**

타동사 detect는 '~을 간파하다', '~을 발견하다', '~을 감지하다' 등을 뜻합니다. 알아내기 힘든 뭔가를 발견한다는 뜻이지요. 어근인 -tect는 'to cover', 즉 '뭔가를 덮다'라는 의미이고, 접두사인 de-는 '반대(un)'라는 의미입니다. 따라서 detect는 '덮여진 것을 벗겨서 알아내다'라는 의미가 되는 것입니다. be detected는 '발견되다', '간파되다' 등을 뜻하지요. infection은 '감염'입니다.

**수 일치**

명사 infection이 추상적인 '감염'을 말할 때는 셀 수 없는 명사이지만, '감염된 질병'으로 간주하면 셀 수 있는 명사가 됩니다.

**More than 10,000 infections have** been detected.

그동안 1만 건 이상의 감염 사례가 발견되었습니다.

**The infection rate has** been estimated at about 10 to 20 percent.

감염률은 약 10~20%로 추정되었습니다.

**The party has** the potential to spread infection.

그 파티는 감염을 퍼뜨릴 가능성을 가지고 있습니다.

동사 estimate은 '~을 추정하다'라는 뜻이며, be estimated는 '추정되다'라는 뜻입니다. 동사 spread는 '~을 퍼뜨리다', '~을 확산시키다' 등을 뜻합니다.

**태의 변환**

More than 10,000 infections have been detected.는 수동태 문장입니다. 감염 상태를 말한 것이지요. 누가 감염을 간파했는지를 강조할 때는 능동태를 씁니다.

## They **have detected** more than 10,000 infections.

그들이 1만 건 이상의 감염 사실을 알아냈다는 거야, 지금.

## Who **detected** the outbreak of Covid-19 first?

누가 처음으로 코로나19의 발생을 간파했던 거야?

## How can the watch **detect** heart problems?

어떻게 그 시계가 심장질환을 간파할 수 있다는 거야?

명사 outbreak는 '사고나 질병의 발생'을 의미합니다. outbreak of a disease는 '질병의 발생'을 뜻합니다. heart problem은 '심장질환'입니다.

**시제 변화**

동사 detect의 3단 변화는 detect-detected-detected이며, 현재분사형은 detecting입니다.

## More than 10,000 infections **were detected**.

그때 1만 건 이상의 감염 사태가 간파됐었지.

## More than 10,000 infections **will be detected**.

1만 건 이상의 감염 사실이 발견될 겁니다.

## More than 10,000 infections **would be detected**.

(이런 상황이라면) 아마 1만 건 이상의 감염 사실이 간파될 거야.

More than 10,000 infections **must have been detected**.

이미 1만 건 이상의 감염 사태가 발견된 것이 틀림없어.

주어를 동반한 주어구의 길이가 길어질수록 시제에 대한 집중력이 떨어질 수 있습니다. 문장에 담긴 모든 문법 항목에 시선을 놓치지 않도록 주의해야 합니다.

---

**전치사구로 확장**

More than 10,000 infections have been detected **after a series of tests**.

일련의 검사 후에 1만 건 이상의 감염 사태가 간파되었습니다.

More than 10,000 infections have been detected **according to the report**.

그 보도에 따르면 1만 건 이상의 감염 사태가 발견되었습니다.

---

**접속사절로 확장**

More than 10,000 infections have been detected **since the disease broke out**.

그 병이 발발한 이래로 1만 건 이상의 감염 사태가 간파되었습니다.

More than 10,000 infections have been detected, **but nobody knows when an effective vaccine will become available**.

1만 건 이상의 감염이 간파되었지만 언제 효과적인 백신이 제공될지는 아무도 모른다.

091

# He has been struck and killed by a truck.

**그는 트럭에 치여서 죽었어.**

타동사 strike는 '~을 세게 치다'라는 의미이고, kill은 '~을 죽이다'라는 뜻입니다. be struck은 '뭔가에 치이다'가 되고, be killed는 '외부 요인에 의해서 죽다'가 되지요. has been struck and killed는 '치여서 죽었기 때문에 지금 이 난리가 난 것이다'라는 느낌을 전합니다.

**수 일치**

truck은 셀 수 있는 명사입니다. 그리고 사고가 났다는 것은 '트럭 한 대'에 의한 사고이기 때문에 by a truck이라고 해야 옳습니다. 하지만 트럭 한 대에 국한시키지 않고 '트럭 자체'를 말하는 경우가 있습니다. 교통수단으로 쓰는 경우이지요. 그럴 때는 by truck이라고 합니다. "나는 트럭을 타고 왔어."를 I came here by truck.으로 표현하는 겁니다.

**He has** been struck and killed by **a** truck.

그는 트럭에 치여서 죽었다. (그래서 다들 슬퍼하는 거야.)

**They have** been struck and killed by **a** truck.

그들은 트럭에 치여서 죽었어. (그래서 다들 충격 받은 거야.)

**Somebody has** been struck and killed by **a** truck.

누군가가 트럭에 치여서 죽었어. (그래서 사람들이 모여 있는 거야, 지금.)

**Many people have** been struck and killed by **trucks**.

그동안 많은 사람들이 트럭에 치여서 죽었어. (그래서 대책을 논의하는 거잖아.)

현재완료는 과거의 사실이 현재의 상황에 영향을 주고 있음을 말합니다. 대화를 주고받을 때 그 상황을 정확히 인지하고 있어야 합니다.

**태의 변환**

He has been struck and killed by a truck.은 수동태 문장입니다. 그가 처한 상황을 말하지요. 그가 죽게 만든 도구 중심으로 말한다면 능동태 문장을 씁니다.

## A truck **has struck** and **killed** him.

트럭이 그를 쳐서 죽게 만들었어. (그래서 생긴 사건이야, 지금.)

## What **has struck** and **killed** him? A car? A truck?

뭐가 그를 쳐서 죽게 만든 거야? 승용차? 트럭? (어떻게 이럴 수가 있지?)

## We need to find out who **has struck** and **killed** him.

우리는 누가 그를 치어 죽였는지를 알아내야 해. (그래야 문제가 해결되지.)

생소한 영어 문장을 접하면 늘 어색합니다. 하지만 어떤 문장이든 그 안에 담긴 문법 형식은 일정합니다. 일단 문법의 정확한 이해와 해석을 위해서 최선을 다해야 합니다.

---

**시제 변화**

현재완료는 과거의 일이 현재에 미치고 있는 영향을 말합니다. 지금 이런 상황이 존재하는 이유를 말하고 싶을 때 현재완료를 이용하게 되는 것입니다.

## He **was struck** and **killed** by a truck.

그는 그때 트럭에 치여서 죽었어.

## He **would be struck** and **killed** by a truck.

(지금 이런 상황이라면) 그가 트럭에 치여서 죽을지도 몰라.

## He **could be struck** and **killed** by a truck.

(전후좌우 상황으로 보아) 그가 트럭에 치여 죽을 수도 있겠어.

He **might have been struck** and **killed** by a truck.

그가 트럭에 치여서 죽었을 수도 있는 일이잖아.

지금이나 과거의 상황을 근거로 하는 would와 could의 미래 해석이 매우 중요합니다.

---

**전치사구로 확장**

He has been struck and killed by a truck **in London**.

그는 런던에서 트럭에 치여 숨졌어.

He has been struck and killed by a truck **on account of rain.**

그는 비 때문에 트럭에 치여서 죽었어.

---

**접속사절로 확장**

He has been struck and killed by a truck **that didn't even bother to stop**.

그는 멈출 생각도 안 했던 트럭에 치여 죽었어.

He has been struck and killed by a truck **while he was crossing the street**.

그는 길을 건너가던 중에 트럭에 치여 죽었어.

092

# Serious questions have been raised about that.

**그것에 대한 심각한 의문이 제기되었다.**

타동사 raise는 '~을 제기하다', '~을 언급하다' 등을 뜻합니다. be raised는 '제기되다', '언급되다' 등으로 해석되지요. serious questions는 '심각한 의문', 또는 '심각한 문제'라는 뜻입니다. 따라서 serious questions have been raised는 '심각한 문제, 또는 의문이 제기되었다'로 이해합니다.

**수 일치**

명사 question은 셀 수 있는 명사입니다. 따라서 복수형 questions가 존재하지요. 단수로 사용할 때는 a question이 되어야 합니다.

Serious **questions have** been raised about that.

그것에 대한 심각한 의문이 제기되었어. (그래서 지금 이런 상황이 벌어지고 있는 거야.)

Even the simplest outdoor **activities seem** fraught with **a thousand questions.**

최소한의 야외 활동마저 수천 개의 질문과 의문으로 가득 차는 듯합니다.

**Questions** still **remain** about catching the virus outdoors.

야외에서 바이러스에 감염되는 문제에 대해서는 아직 의문이 남아 있다.

be fraught with는 '~로 가득하다', '~로 득실거리다' 등을 뜻하며, seem은 '~인 것 같다', remain은 '남아 있다', catch the virus는 '바이러스에 걸리다'라는 뜻입니다.

**태의 변환**

Serious questions have been raised about that.은 수동태 문장입니다. 질문의 상태를 말하지요. 누가 문제를 제기했는지가 중요하다면 능동태 문장을 이용합니다.

## They **have raised** serious questions about that.

그들이 그것에 대해서 심각한 질문을 제기했어. (그래서 우리가 지금 모인 거야.)

## I've never expected him to **raise** such questions.

나는 그가 그런 질문들을 제기할 거라고는 전혀 예상하지 못했어.

## Tell me who **raised** those questions.

누가 그런 질문들을 제기했는지 말해봐.

능동태와 수동태를 문장의 형태는 물론, 문장의 의미로도 구별할 수 있어야 합니다. 형태로만 구별하면 혼란스러운 부분들이 발생할 수도 있습니다.

**시제 변화**

동사 raise의 3단 변화는 raise-raised-raised입니다. 현재분사형은 raising이지요. 형태의 변화는 의미 못지않게 중요합니다.

## Serious questions **were raised** about that.

그것에 대한 심각한 질문들이 제기되었지.

## Serious questions **are being raised** about that.

그것에 대한 심각한 질문들이 지금 제기되고 있어.

## Serious questions **will be raised** about that.

그것에 대한 심각한 질문들이 제기될 거야, 분명히.

Serious questions **would be raised** about that.

(과거의 경험으로 볼 때) 그것에 대한 심각한 질문들이 제기되겠는걸.

어휘나 문법의 중심 개념과 의미를 정확히 알고 있으면 흔들림 없는 다양한 의역이 가능해집니다.

---

**전치사구로 표현**

Serious questions have been raised **about his absence.**

그의 부재에 대해서 심각한 의문들이 제기되었다.

Serious questions have been raised **about how to deal with it.**

그것을 어떤 방법으로 처리할 것인지에 대한 심각한 질문들이 제기됐어.

---

**접속사절로 표현**

Serious questions have been raised **since he presented a new theory.**

그가 새로운 이론을 제시한 이래로 심각한 질문들이 제기되었다.

Serious questions have been raised **after they accepted her suggestion.**

그들이 그녀의 제안을 받아들인 후에 심각한 의문들이 제기되어 왔다.

093

# I wonder what promises have been made.

**나는 과거에 무슨 약속들이 있었는지 궁금해.**

타동사 make는 '~을 만들다'라는 뜻입니다. 하지만 명사와 연결되어 하나의 숙어를 만들면 '~을 하다', '~이 되다' 등의 의미로 흔히 의역됩니다. make promises는 '약속을 만들다'가 아니라 '약속하다'라는 의미이며, promises have been made는 '과거에 이루어진 약속이 현재 특정한 상황을 유발하다'로 이해합니다.

**수 일치**

일반적으로 '약속하다'를 영어로 바꾸면 make a promise가 됩니다. 하지만 여러 가지 약속을 하는 경우라면 당연히 make promises가 되지요. 상황에 따라서 단수와 복수를 잘 선택해야 하는 표현입니다.

I wonder **what promises have** been made.

나는 과거에 무슨 약속들이 있었는지 (그래서 지금 이런 상황이 벌어지는 건지) 궁금해.

I wonder **why such a promise has** been made.

나는 왜 그런 약속이 이루어진 건지 궁금해.

I wonder **when those promises have** been made.

나는 언제 그런 약속들이 이루어졌던 건지 궁금한데.

문법은 형식이나 형태의 암기가 아닌 내용을 이해해야 합니다. 그렇게 되면 문법의 오류에 대한 부담 없이 문법을 자연스럽게 받아들이게 되고 실제 말하거나 문장을 적을 때 오류가 현저하게 줄어듭니다.

**태의 변환**

I wonder what promises have been made.는 수동태 문장입니다. 약속을 강조한 문장이지요. 하지만 누가 그 약속을 했는지를 강조한다면 능동태 문장을 이용해야 합니다.

## I wonder **what promises** they **have made**.

나는 그들이 무슨 약속을 한 건지 궁금해.

## Never **make a promise** you cannot keep.

지킬 수 없는 약속은 절대로 하지 마.

## I **made no promises.**

나는 아무런 약속도 하지 않았어.

〈동사+목적어〉의 형태에서 목적어가 앞으로 빠져나간 문장일 경우에 그 해석에 주의해야 합니다. a promise they made 같은 경우입니다. 해석은 '그들이 한 약속'입니다.

**시제 변화**

동사 make의 3단 변화는 make-made-made입니다. 주요 표현에 쓰인 현재완료 시제의 정확한 이해가 매우 중요합니다.

## I wonder what promises **were made.**

그때 무슨 약속이 있었던 걸까?

## I wonder what promises **will be made**.

난 앞으로 어떤 약속들이 이루어질까 궁금해.

## I wonder what promises **would be made.**

나는 (이런 상황에서) 무슨 약속들이 이루어지게 될지 그게 궁금한 거야.

I wonder what promises **should be made.**

나는 무슨 약속들이 이루어져야 좋은 건지 궁금해.

조동사의 의미를 정확히 이해하고 있어야 다양한 문장 속에서 조동사의 의미를 적절하게 의역할 수 있습니다.

---

**전치사구로 확장**

I wonder what promises have been made **between them**.

나는 그들 사이에 무슨 약속들이 오고 간 건지 궁금해.

I wonder what promises have been made **at the conference**.

나는 그 학회에서 어떤 약속들이 이루어졌는지 궁금한데.

---

**접속사절로 확장**

I wonder what promises have been made **when there were intricate webs of interests**.

복잡한 이해관계가 있었던 상태에서 무슨 약속들이 이루어진 건지 궁금해.

I wonder what promises have been made **after the proclamation was declared**.

나는 그 선언서가 발표된 이후에 무슨 약속들이 이루어졌길래 지금 이런 상황이 된 건지 정말 궁금하다고.

94 The issues must be avoided.
95 What can be achieved by unearthing the past?
96 An attorney will be appointed to you by the court.
97 40,000 workers would be laid off.
98 Her body would be cremated.
99 My car needs to be picked up.
100 I don't want anything written down.

094

# The issues must be avoided.

**그 이슈들은 피해야 해.**

타동사 avoid는 '~을 회피하다'라는 뜻입니다. 좋지 않은 일을 피하거나 누군가를 멀리한다는 뜻입니다. 의도적으로 피하는 경우에 해당됩니다. be avoided는 '회피하다', '회피되다' 등을 뜻합니다. 명사 issue는 '주제'나 '안건', '사안' 등을 의미합니다. 조동사 must는 '반드시 ~해야만 하다'라는 의미로 쓰이고 있습니다.

**수 일치**

조동사는 단/복수의 영향을 전혀 받지 않습니다. 단수형이나 복수형이 별도로 존재하지 않는다는 뜻입니다. 조동사 뒤에는 동사 역시 원형을 사용해야 하기 때문에 주어의 단/복수형에 영향을 받지 않습니다.

## The **issues must be** avoided.

그 이슈들은 괜히 건드리면 안 돼. 피해야 해.

## The **issue must be** treated very carefully.

그 이슈는 매우 조심스럽게 처리되어야 해.

## The **rules must be** satisfied to create **a habit.**

그 규칙들이 반드시 충족되어야 하나의 습관이 만들어지는 겁니다.

동사 treat는 '~을 처리하다', '~을 취급하다' 등을 의미하며, be treated는 '처리되다'입니다. satisfy는 '~을 충족시키다'라는 의미로 쓰이고 있습니다. be satisfied는 '충족되다'이지요. create a habit은 '습관 하나를 만들다', '하나의 습관이 생기다' 등으로 해석합니다.

**태의 변환**

The issues must be avoided.는 수동태 문장입니다. 이슈의 상태를 말하고 있습니다. 누가 이슈를 피하는가를 강조하고 싶다면 능동태 문장을 이용해서 표현합니다.

## We **must avoid** the issues.

우리 그 이슈들은 절대 피해야 해.

## We **must** come up with ideas to **avoid** bankruptcy.

우리는 파산을 피할 수 있는 아이디어를 생각해내야 해.

## We **must avoid** running out of gas.

우리 중간에 기름이 다 떨어지는 경우는 없어야 해.

## What should we do to **avoid** disaster?

재앙을 피하려면 우리가 뭘 해야 하는 거야?

come up with는 '뭔가를 생각해내다', '뭔가를 제안하다' 등을 뜻하고, bankruptcy는 '파산'을 뜻하지요. 철자에 주의해야 할 어휘입니다. run out of gas는 '자동차의 기름이 떨어지다'라는 뜻이지요. disaster는 '재앙', '참사' 등을 뜻합니다.

**시제 변화**

avoid의 3단 변화는 avoid-avoided-avoided로 규칙 변화입니다.

## The issues **are avoided**.

그 이슈들은 이미 다 회피한 상태야.

## The issues **were avoided**.

그 사안들은 이미 다 회피하고 거론조차 되지 않았어.

The issues **will be avoided**.

그 사안들은 다 회피하고 거론 자체가 안 될 거야.

The issues **should have been avoided**.

그 사안들은 회피했어야 했던 거야.

과거분사는 '이미 ~의 상태인'이라는 의미를 지닙니다. 수동태에서 be동사가 현재일 때와 과거일 때의 의미를 잘 이해해야 합니다.

---

**전치사구로 확장**

The issues must be avoided **without fail**.

그 이슈들은 피해야 해. 틀림없이 말이야.

The issues must be avoided **at any cost**.

무슨 일이 있어도 그 사안들은 피해야 해.

---

**접속사절로 확장**

The issues must be avoided **because they can cause problems**.

그 이슈들은 반드시 피해야 해. 그것들이 문제를 일으킬 수 있거든.

The issues must be avoided **because people could sense our financial crisis**.

그 사안들은 피해야 해. 사람들이 우리의 재정적 위기 상황을 감지할 수도 있어.

095

# What can be achieved by unearthing the past?

**과거를 들춰내서 뭐가 얻어지는 걸까?**

타동사 achieve는 '~을 달성하다', '~을 이루다' 등의 의미를 갖습니다. '원했던 것을 노력을 통해서 끝까지 이루다'라는 의미이지요. be achieved는 '이루어지다'가 됩니다. 동사 unearth는 '~을 파내다', '~을 밝혀내다' 등을 의미합니다. '땅 속에 묻혀 있던 것을 꺼낸다'는 느낌이지요. the past는 '과거지사'입니다. 전치사 by는 '방법'이나 '수단'을 나타낼 때 쓰입니다.

**수 일치**

조동사(can)는 주어의 수와는 무관합니다. 조동사는 오직 뒤에 이어지는 동사와만 연관을 맺습니다. 그리고 영향을 주는 역할이지 영향을 받는 역할은 절대 아닙니다. 조동사는 형태 변화가 없으며 뒤에 나오는 동사의 형태는 원형입니다. what은 원래 단수로 받습니다.

What **can be** achieved by unearthing the past?

과거를 들춰내서 무엇이 이루어질 수 있는 걸까?

Do you think a lot of things **can be** achieved by unearthing the past?

너는 과거를 들춰내서 많은 일들이 이루어질 수 있다고 생각하는 거니?

**Can** your purposes **be** achieved by unearthing the past?

너의 목적이 과거를 들추어낸다고 이루어질 수 있는 걸까?

영어 활용 능력의 향상은 무작정 암기로 이루어지지 않습니다. 이해와 반복 학습, 그리고 꾸준함을 통해서만 이루어질 수 있습니다.

---

**태의 변환**

What can be achieved by unearthing the past?는 수동태 문장입니다. What이 강조된 문장이지요. achieve의 주체를 강조하고 싶을 때는 능동태 문장을 사용합니다. by가 쓰였다고 해서 무조건 능동태의 주어로 갈 수 있는 건 아닙니다. 의미를 잘 파악해야 합니다.

## What **can** you **achieve** by unearthing the past?

과거를 캐서 네가 얻을 수 있는 건 뭔데?

## I wonder what he **can achieve** by unearthing the past.

그가 과거를 들추어내서 이룰 수 있는 게 뭘까 참 궁금해.

## Alcoholics **can achieve** sobriety.

알코올중독자들은 맨 정신인 상태가 될 수 있습니다.

alcoholic은 '알코올중독자'입니다. sobriety는 '술에 취하지 않은 맨 정신인 상태'를 뜻하지요. 따라서 achieve sobriety는 '맨 정신인 상태를 성취하다', 즉 '맨 정신이 되다'로 해석합니다.

---

**시제 변화**

조동사 can은 현재 시제이고, 과거형은 could입니다. can은 단순한 미래의 '가능성', could는 과거의 사실을 근거로 한 미래의 '가능성'을 말합니다.

## What **could be achieved** by unearthing the past?

(예전의 경우를 거울 삼아 봤을 때) 과연 과거를 들추어서 뭐가 성취될 수 있을까?

What **would be achieved** by unearthing the past?
(예전의 경우를 참고하자면) 지금 과거를 들추어서 도대체 무슨 결과가 생기게 될까?

What **will be achieved** by unearthing the past?
과거를 들춤으로써 무슨 좋은 결과를 얻게 될까?

조동사 could, would, will이 같은 미래를 의미한다 해도 각각 그 속뜻이 다름을 정확히 인지하고 있어야 합니다.

---

**전치사구로 표현**

by 이하를 다른 표현으로도 쓸 수 있습니다.

What can be achieved **by working with them**?
그들과 함께 일함으로써 무엇을 성취할 수 있을까?

What can be achieved **by being so hard on him**?
그를 그렇게 심하게 몰아붙여서 도대체 무슨 이득이 생기는 걸까?

---

**접속사절로 표현**

What can be achieved **if you work 24/7?**
네가 하루 종일, 일주일 내내 그렇게 일해서 뭐가 이루어질 수 있을까?

What can be achieved **when we fire her?**
우리가 그녀를 해고하고 나면 어떤 이득이 생길 수 있을까?

096

# An attorney will be appointed to you by the court.

**변호사가 법원에 의해서 당신에게 지정될 겁니다.**

타동사 appoint는 '~을 지명하다', '~을 임명하다', '~을 지정하다' 등을 뜻합니다. be appointed to는 '~에게 지명되다', '~에게 지정되다' 등을 뜻하지요. attorney는 '변호사'입니다. 로스쿨을 졸업하면 모두 lawyer라고 합니다. 하지만 변호사 시험(bar exam)을 통과해야만 재판장에 설 수 있는 정식 변호사가 되는 것이지요. 변호사 시험을 통과한 변호사를 흔히 lawyer 또는 attorney라고 부릅니다. 명사 court는 '법정', '법원' 등을 뜻합니다.

**수 일치**

attorney는 셀 수 있는 명사이며 발음의 시작이 모음입니다. 따라서 단수일 때는 반드시 an attorney로 표시하게 됩니다. 복수형은 attorneys입니다.

**An attorney** will be appointed to you by the court.

변호사가 법원에 의해서 당신에게 지정될 겁니다.

The paper published the **names** of the **attorneys** who passed the bar exam.

그 신문은 변호사 시험을 통과한 변호사들의 이름을 게재했다.

There **was another attorney**.

다른 변호사 한 사람이 더 있었다.

another는 '한 사람 더', '또 다른 한 사람' 등을 의미하기 때문에 단수입니다. 따라서 단수 과거형 be동사 was가 쓰였습니다.

**태의 변환**

An attorney will be appointed to you by the court.는 수동태 문장입니다. 변호사의 상태를 말한 것이죠. 법원의 행위 중심이면 능동태 문장이 필요합니다.

The court **will appoint** an attorney to you.

법원이 당신에게 변호사를 지정해 줄 겁니다.

The court **will appoint** another lawyer for you.

법원에서 너를 위해 다른 변호사를 한 사람 더 지명할 거야.

They **have appointed** him to the Supreme Court.

그들은 그를 대법원에 임명했다.

수동태의 상태를 유도하는 행위자가 by 이하에 정확히 명시될 때는 그 행위자가 중요하다는 것을 의미합니다. 따라서 수동태에서 무작정 by 이하를 생략하지 않도록 신경 써야 합니다.

**시제 변화**

동사 appoint의 3단 변화는 appoint-appointed-appointed이며, 현재분사형은 appointing입니다.

An attorney **has been appointed** to you by the court.

변호사가 법원에 의해서 당신에게 이미 지정되어 있는 상태입니다. (걱정 안 해도 됩니다.)

An attorney **was appointed** to you by the court.

변호사가 법원에 의해서 당신에게 지정된 상태였습니다.

An attorney **would be appointed** to you by the court.

변호사가 당연히 법원으로부터 당신에게 지정될 겁니다.

An attorney **must have been appointed** to you by the court.

분명히 변호사가 법원에 의해서 당신에게 이미 지정되었을 겁니다.

시제의 의미를 정확히 이해하고 있으면 문장의 난이도와 무관하게 해석이 가능합니다.

---

**전치사구로 표현**

An attorney will be appointed to you **in a few days**.

며칠 후면 변호사가 당신에게 지정될 겁니다.

An attorney will be appointed to you **without delay**.

지체없이 변호사가 당신에게 지정될 겁니다.

---

**접속사절로 표현**

An attorney will be appointed to you, **so you can feel secure**.

변호사가 당신에게 지정될 거니까 안심해도 됩니다.

An attorney will be appointed to you **before you fly back home**.

당신이 비행기로 집에 돌아가기 전에 변호사가 당신에게 지정될 겁니다.

# 40,000 workers would be laid off.

**(지금까지의 상황으로 볼 때) 노동자 4만 명이 해고될 것이다.**

동사구인 lay somebody off는 '누군가를 해고하다'라는 의미입니다. 경기가 좋지 않아서 회사의 매출이 현저하게 줄어들어 직원을 임시 해고시킨다는 뜻이지요. 그 원래의 의미가 변하여 누군가를 해고시킨다는 말을 우회적으로 돌려서 말할 때 흔히 사용합니다. be laid off는 '해고되다'라는 뜻이 되지요. worker는 '노동자'를 뜻합니다. 조동사 would가 쓰이는 상황과 의미를 정확히 인지하고 있어야 합니다.

**수 일치**

명사 worker는 셀 수 있는 명사입니다. 따라서 복수를 의미할 때는 workers라고 하고, 단수로 쓸 때는 a worker라고 정확히 a를 앞에 붙여야 합니다.

## **40,000 workers would** be laid off.

4만 명의 노동자들이 해고될 겁니다. (지금까지의 상황을 보면 그렇습니다.)

## **Two-thirds of workers are** working less.

노동자의 3분의 2가 해고되었거나 일하는 시간이 줄어들어 있다.

## Nearly **every worker has** been hurt in this crisis.

거의 모든 노동자들이 이 위기 속에서 이미 상처받아 힘들어 하고 있다.

two-thirds는 2/3, 즉 '3분의 2'를 뜻합니다. 분수를 말할 때 우리말로는 분모를 먼저 읽지만, 영어에서는 분자를 먼저 발음합니다. 그리고 분자는 보통 숫자를 세는 방식, 즉 기수를 적습니다. 하나, 둘, 셋… 이런 식이죠. 하지만 분모는 순서를 세는 방식, 즉 서수로 읽습니다.

첫 번째, 두 번째... 이런 식입니다. 그리고 분자가 복수면 분모를 읽을 때 서수에 -s를 붙이게 됩니다. 그래서 2/3를 two-thirds라고 읽거나 적는 겁니다.

---

**태의 변환**

40,000 workers would be laid off.는 수동태 문장입니다. 노동자들의 상태를 말하지요. 하지만 노동자들을 해고시키는 사람을 강조할 때는 능동태를 이용합니다.

## They would **lay off** 40,000 workers.

(지금까지의 상황으로 볼 때) 그들은 4만 명의 노동자들을 해고시킬 겁니다.

## He had to **lay off** more than half his workforce.

그는 직원의 반 이상을 해고시켜야 했다.

## Nobody expected him to **lay off** so many employees.

그가 그렇게 많은 직원들을 해고시킬 거라고는 아무도 예상하지 못했다.

일반적인 '노동자'는 worker라고 합니다. 하지만 workforce는 특정한 기업이나 조직의 '노동자'를 지칭할 때 사용합니다. 그리고 employee는 고용된 입장에서의 노동자, 즉 '직원'을 뜻합니다.

---

**시제 변화**

동사 lay의 3단 변화는 lay-laid-laid입니다. 자동사 lie의 3단 변화에 해당되는 lie-lay-lain과 혼동하지 않도록 주의해야 합니다. lay의 현재분사형은 laying입니다.

## 40,000 workers **will be laid off.**

분명히 4만 명의 노동자들이 해고될 거야.

## 40,000 workers **were laid off.**

4만 명의 노동자들이 해고됐다.

40,000 workers **are being laid off**.

4만 명의 노동자들이 곧 해고될 거야.

40,000 workers **should be laid off**.

4만 명의 노동자들이 해고되어야 하는 상황이야.

off의 품사는 '부사'입니다. 부사는 동사나 형용사, 그리고 다른 부사를 수식합니다. 따라서 lay off에서 off는 lay를 수식하면서 동사구를 이루어 항상 lay에 붙어 다니는 겁니다.

---

**전치사구로 확장**

40,000 workers would be laid off **by next month**.

(지금의 상황으로 보건대) 다음 달까지 4만 명의 노동자들이 해고될 겁니다.

40,000 workers would be laid off **in the wake of economic collapse**.

경제 붕괴로 인해서 4만 명의 노동자들이 해고될 겁니다.

---

**접속사절로 확장**

40,000 workers would be laid off **as the report says**.

기사에 나와 있듯이 4만 명의 노동자들이 해고될 겁니다.

40,000 workers would be laid off **if my prediction is right**.

내 예상이 맞다면 4만 명의 노동자들이 해고될 겁니다.

098

# Her body would be cremated.

**(지금까지 돌아가는 상황으로 볼 때) 그녀의 시체는 화장될 것이다.**

타동사 cremate는 '(시체를) 화장하다'라는 뜻의 3형식 동사입니다. be cremated는 '화장되다'라는 뜻입니다. 조동사 would는 '과거의 습관이나 상황을 전제해 볼 때 앞으로 ~할 것이다'라는 의미를 전하지요. 단순히 미래의 일을 말하는 will과는 느낌의 차이가 큽니다.

**수 일치**

관사를 대신해서 인칭대명사의 소유격이 사용되는 경우는 아주 흔합니다. 그럴 때는 명사의 단수형과 복수형, 일반 명사와 추상명사 등의 구별 없이 소유격을 앞에 붙이기만 하면 됩니다. 물론 셀 수 있는 일반 명사일 때는 복수의 소유격(their, our, your) 뒤에 반드시 복수형 명사가 쓰입니다.

## **Her body** would be cremated.

그녀의 시체는 화장될 겁니다.

## **Their bodies** would be cremated.

그들의 시체는 (관례에 따라) 화장될 것입니다.

## I knew **his body** would be cremated.

나는 그의 시체가 화장될 것이라는 사실을 알고 있었어.

마지막 예문에 쓰인 would는 '시제의 일치'를 위한 겁니다. 과거 시제인 주동사 knew의 영향으로 will이 would로 바뀐 것이지요. '과거의 상태를 전제로 한 미래'의 의미를 전하는 would와는 다릅니다.

**태의 변환**

Her body would be cremated.는 수동태 문장입니다. 동사 cremate는 일반적으로 수동태 문장에 사용됩니다. 하지만 '주어의 의지'에 의해서 시체를 화장한다는 의미를 강조하고 싶을 때는 당연히 능동태 문장을 사용할 수밖에 없습니다. 그럴 때는 문장의 의미 또한 신경 써서 해석해야 합니다.

## They **would cremate** her body.

(전통적으로 볼 때) 그들은 그녀의 시체를 화장할 거야.

## I **cremated** her body. That's what she asked me to do.

나는 그녀의 시체를 화장했어. 그녀가 나한테 그렇게 해달라고 부탁했던 거야.

## Why did you **cremate** her body?

넌 왜 그녀의 시체를 화장한 거야?

모든 응용 표현들은 사용 값어치가 있는 것들이어야 합니다. 단순히 응용을 위한 응용이 아니라 활용의 확장성 개념에 맞춰진 좋은 응용 표현들이어야 합니다.

**시제 변화**

would는 will의 과거형이지만 늘 과거의 의미를 갖진 않습니다. would도 엄연히 미래입니다. 시제의 일치 개념에서만 will의 과거형으로 쓰이지요. 단순히 미래의 사실을 말할 때는 will을 이용하고, '과거를 비추어 볼 때 미래에는 ~일 것이다'라는 의미를 전할 때는 would를 씁니다. will과는 달리 '근거 있는 미래'의 의미를 포함하는 것입니다.

## Her body **will be cremated**.

그녀의 시체는 화장될 거야.

Her body **was cremated.**

그녀는 화장됐어.

Her body **has to be cremated.**

그녀의 시체는 화장하기로 되어 있으니 당연히 그렇게 해야지.

그렇게 하기로 이미 계획된 것이기 때문에 당연히 그렇게 해야 된다고 말할 때 have to를 사용합니다. 따라서 '미래'의 의미를 포함합니다.

---

**전치사구로 확장**

Her body would be cremated **by convention.**

관례상 그녀는 화장될 겁니다.

Her body would be cremated **according to her own request.**

그녀의 요청에 따라서 그녀는 화장될 겁니다.

---

**접속사절로 확장**

Her body would be cremated **when everything is under control.**

모든 게 다 준비되면 그녀는 화장될 겁니다.

Her body would be cremated **if he agreed.**

그가 동의했다는 전제하에 그녀의 시체는 화장될 겁니다. (그가 동의하면 그녀의 시체는 화장될 겁니다.)

99

# My car needs to be picked up.

**내 차를 좀 찾아와야겠는데.**

내 차가 필요한 상태를 말하고 있습니다. 따라서 사람을 주어로 쓰지 않고 차를 주어로 써서 표현하고 있지요. need는 '~이 꼭 필요하다'라는 의미이며, be picked up은 '어딘가에 대기하고 있다가 누군가에 의해서 픽업됨'을 뜻합니다. 이것을 우리말로는 '어딘가에 있는 것을 찾아오다'로 해석하는 것이 자연스럽습니다.

**수 일치**

My car는 3인칭 단수입니다. 따라서 주동사인 need의 형태는 needs가 되어야 합니다. 대명사가 아닌 명사가 주어로 나올 때 특히 수의 일치에 신경 써야 합니다. 만일 My cars라면 동사의 형태는 need가 맞습니다.

## **My car needs** to be picked up.

내 차를 찾아와야 해.

## **Their cars need** to be picked up.

그들의 차들을 찾아와야 하는데.

## **What needs** to be picked up?

뭘 찾아와야 하는 거지?

## **Who needs** to be picked up?

누구를 픽업해야 하는 거야?

글을 쓸 때 의문사를 단수로 받지 못해서 생기는 실수가 종종 있습니다. 의문사는 단수입니다. 절대 잊지 마세요.

**태의 변환**

be picked up은 수동태입니다. '픽업되다'이지요. 이것을 능동으로 바꾸면 pick up something이 됩니다. 목적어가 분명히 존재해야 합니다. 주요 표현의 수동태는 능동태 문장의 목적어를 주어로 보낸 것입니다.

## I need to **pick up** my car.

나 내 차를 좀 찾아와야 해.

## I need you to **pick up** someone named Jennifer.

네가 가서 제니퍼라는 이름을 가진 사람을 픽업해 와.

## You need to **pick up** her lunch.

네가 가서 그녀의 점심을 포장해 오도록 해.

someone named Jennifer는 '제니퍼라는 이름을 가진 누군가'라는 의미이며, pick up lunch는 '점심을 포장 주문해서 가져오다'로 이해합니다.

**시제 변화**

need의 과거형과 과거분사형은 needed입니다. 과거 시제는 '과거에 필요했다'는 의미로서 현재와는 무관하게 과거에 끝난 상태를 말하며, 현재완료형은 '과거에 필요했었는데 처리하지 못해서 지금 그 영향을 받는다'는 과거와 현재가 연결된 의미를 전합니다.

## My car **needed** to be picked up.

내 차를 찾아와야 했어.

## My car **will need** to be picked up.

내 차를 찾아와야 할 거야.

My car **would need** to be picked up.

(지금까지의 상황으로 봤을 땐) 내 차를 바로 좀 찾아와야겠는데.

시제에 맞는 정확한 이해와 해석이 필요합니다.

---

**전치사구로 확장**

My car needs to be picked up **from the place**.

내 차를 그곳에서 찾아와야 해.

My car needs to be picked up **by three**.

내 차를 3시까지는 찾아와야 해.

---

**접속사절로 확장**

My car needs to be picked up **before he arrives**.

그가 도착하기 전에 내 차를 찾아와야 해.

My car needs to be picked up **while she is there**.

그녀가 거기에 있는 동안 내 차를 찾아와야 해.

100

# I don't want anything written down.

**나는 아무것도 기록되지 않으면 좋겠어.**

타동사 write는 '~을 쓰다', '~을 기록하다' 등을 뜻합니다. 뭔가를 적는다는 것은 손에 필기도구를 쥐고 아래에 적는 것이므로 write down으로 흔히 표현합니다. 물론 down은 부사이기 때문에 write과 down 사이에 명사가 위치할 수 있습니다.

**수 일치**

일반 동사의 부정은 동사 앞에 don't를 넣습니다. 물론 주어가 3인칭 단수일 경우에는 don't 대신 doesn't를 이용하지요. 대명사 anything은 any와 thing이 합쳐진 형태입니다. 단수로 취급합니다.

## **I don't** want **anything** written down.

나는 어느 것도 기록되지 않기를 원해.

## **She doesn't** want **anything** written down.

그녀는 아무것도 기록되지 않았으면 하는데.

## **What do you** want **to be** written down?

너는 뭐가 기록되면 좋겠어?

완전한 문장은 I don't want anything to be written down.입니다. 여기에서 to be가 생략된 것이지요. to부정사는 '미래'의 의미인데 그것을 생략했다는 것은 '미래'가 아닌 '지금 당장'의 의미를 강조하고 싶었던 겁니다. 따라서 "지금 당장은 아무것도 기록되지 않았으면 좋겠다."가 속뜻입니다.

**태의 변환**

I don't want anything written down.에서 written down은 수동형입니다. 목적어인 anything을 강조하는 문장입니다. 만일 뭔가를 기록하는 '사람'을 강조하고 싶다면 능동형으로 바꾸어야 합니다.

## I don't want **you to write** anything down.

나는 네가 아무것도 기록하지 않았으면 좋겠어.

## I want **you to write** everything down.

나는 네가 모든 것을 다 기록했으면 좋겠어.

## I want **you to think** about what you're doing.

네가 지금 무슨 짓을 하고 있는지 너 스스로 생각을 좀 해봤으면 좋겠어.

태가 바뀌면 의미도 바뀝니다. 위의 문장들에서처럼 사라졌던 to부정사가 태가 바뀌면서 나타나기도 하지요. 태의 변화가 시제의 변화까지 발생시킬 수 있다는 겁니다. 이렇게 태의 변화가 단순한 형태의 변화만을 일으키는 것은 아니므로 태를 바꾸는 연습이 형태 변화의 연습으로만 끝나서는 안 됩니다.

**시제 변화**

상태동사의 현재형은 동작동사의 현재형과는 달리 평소의 상태에 더해서 지금 현재 상태까지 포함합니다.

## I **didn't want** anything written down.

난 아무것도 기록되지 않기를 원했어.

## I **told** you I **didn't want** anything written down.

내가 말했잖아. 아무것도 기록되지 않으면 좋겠다고.

I **wouldn't want** anything written down.

(기록하면 나중에 무슨 일이 생길지 내가 뻔히 아는데) 나는 아무것도 기록되지 않기를 원해.

I don't want ~는 '나는 ~하지 않았으면 좋겠다'는 '단순한 바람'을 말하고, I won't want ~는 '나는 절대 ~하지 않았으면 좋겠다'는 '순간적인 강한 의지'를, I wouldn't want ~는 '과거의 사실을 전제로 한 강한 의지'를 나타냅니다. 따라서 그에 따른 적절한 의역이 필요합니다.

---

**전치사구로 확장**

I don't want anything written down **for the time being.**

나는 당분간 아무것도 기록되지 않으면 좋겠어.

I don't want anything written down **from now on.**

지금부터는 아무것도 기록되지 않으면 좋겠는데.

---

**접속사절로 확장**

I don't want anything written down **while I'm talking.**

내가 얘기할 때 아무것도 적지 않았으면 좋겠어.

I don't want anything written down **because this is off the record.**

이건 비공식적인 얘기니까 아무것도 기록되지 않으면 좋겠어.